SV

Band 1445 der Bibliothek Suhrkamp

Wichtiger als Heiner Müller kann selbst den Surrealisten das Thema Traum nicht gewesen sein. Bereits als Schüler las Müller Freud, er zeichnete eigene Träume auf und sammelte Träume von Mitschülern. *Traumtexte* ordnet den bis in die letzten Lebenstage reichenden, teils unveröffentlichten Traumaufzeichnungen erzählerische und dramatische Texte zu, die einige dieser Träume aufnehmen und verarbeiten, und bündelt Müllers Reflexionen über den Zusammenhang von Leben, Träumen, Schreiben – und den Traum einer besseren Welt.

»Das Problem des Schriftstellers, überhaupt des Künstlers, ist doch, daß er sein ganzes werktätiges Leben versucht, auf das poetische Niveau seiner Träume zu kommen. Das geht nur, wenn er nicht interpretiert, was er hervorbringt. Ich schreibe mehr, als ich weiß. Ich will nicht nachdenken über das, was ich mache.«

Heiner Müller
Traumtexte

Herausgegeben
von Gerhard Ahrens

Suhrkamp Verlag

Erste Auflage 2019
Suhrkamp Verlag Berlin

Umschlag: Willy Fleckhaus
Printed in Germany
ISBN 978-3-518-24220-9

Traumtexte

Für Anna Müller

Inhalt

Vorwort

Traumtexte von Heiner Müller. Dieser Band versammelt Reverien aus dem Leben und dem Werk des Dichters. Das Material wird in vier Abteilungen ausgelegt. Präsentiert werden Notizen, Protokolle, Texte und Theaterszenen. Der Status der Texte ist unterschiedlich. Zum einen handelt es sich bei den Aufzeichnungen um Selbstzeugnisse eher privater Natur, auch wenn bei einem Schriftsteller wie Heiner Müller, dem alle erdenklichen Lebenszusammenhänge zu Material gerinnen, von privater Sphäre im strikten Sinne nicht mehr die Rede sein kann; zum anderen um Texte aus der Werkproduktion, den Traumtexten aus Poesie und Prosa oder den Traumszenen aus der Stückeproduktion, aber auch um Texte über den Traum aus den Gesprächen, die der Schriftsteller geführt hat. Bei den Traumaufzeichnungen, die aus dem im Heiner-Müller-Archiv [HMA] verwahrten Nachlaß vorgestellt werden, handelt es sich um Erstveröffentlichungen. Sie geben eine Anschauung von Heiner Müllers Traumvorstellungen und werden, wenn ihr manifester Inhalt in einem seiner Werke Einschlag gefunden hat, diesen Texten zugeordnet. Die vier Sektionen dieses Bandes mit den gesammelten *Traumtexten* Heiner Müllers tragen die Untertitel: *Traumbuch*, *Traumprotokolle*, *Autorentraum*, *Traumtexte*.

Die erste Sektion: Traumbuch

Heiner Müller hat in einer mit dem Titel »Traumbuch« versehenen Mappe eine Sammlung von Exzerpten aus Texten der Psychoanalyse, Psychologie und Psychiatrie und daraus folgenden Betrachtungen zur Technik der Psychoanalyse, Geschlechterspannung und Familie sowie Traumprotokolle von eigener und ein Konvolut mit Traumprotokollen von fremder Hand aufbewahrt, die aus der Zeit nach dem Krieg in Waren/Müritz stammen oder an anderen Orten, Frankenberg/Sachsen und Berlin, bis zum Jahre 1952 entstanden sind.

»Träume und dergleichen haben mich schon immer interessiert, schon in Waren. Da hatte ich angefangen über Literatur, Psychoanalyse, Psychologie und Psychiatrie zu lesen, natürlich auch die Traumdeutung von Freud. Ich fragte alle erreichbaren Personen nach ihren Träumen. Bedeutung für meine Arbeit hat der Traum nicht als bloße Erscheinung dessen, was nachts passiert, wenn man schläft, es geht weit darüber hinaus.« [Typoskript Autobiographie. HMA 4487, S. 416]

Die »Traumbuch«-Mappe umfaßt insgesamt 19 Autographen, die den Grundstock bilden sollten zu einem von Heiner Müller konzipierten TRAUMBUCH, das neben den in ihm versammelten Traumaufzeichnungen wohl auch eine Idee von der Traumstruktur seiner Texte insgesamt hätte vermitteln sollen.

Die überlieferten Traumprotokolle aus der Zeit in Waren erscheinen als Bruchstücke zu einem Portrait des Künstlers als junger Mann, das Heiner Müller nach seiner Autobiographie »Krieg ohne Schlacht. Leben in zwei Diktaturen« [KoS; HMW 9. Eine Autobiographie] noch hatte schreiben wollen. Als Kondensat aus Gesprächen war dieser 1992 erschienene Lebensbericht in seinen Augen literarisch nicht von Belang, weshalb er noch einen autobiographischen Prosatext von Gewicht zu verfassen gedachte, nach dem Beispiel von James Joyce und unter dem Titel »Eine Jugend in Deutschland (Krieg ohne Schlacht)« oder auch: »Autoporträt between chairs // Selbstbildnis als junger Mann« [HMA 4467. VGL. HMW 9. EINE AUTOBIOGRAPHIE. KOMMENTAR, S. 502]. Dieses Projekt ist am weitesten fortgeschritten in dem unter dem Titel »Im Herbst 197.. starb mein Vater ...« aus dem Nachlaß veröffentlichten Text, aus dem in diesem TRAUMBUCH wiederholt zitiert wird.

In Referenz zu diesem Vorhaben werden die aus früher Zeit stammenden Traumtexte und theoretischen Reflexionen, die das erwachende Interesse Heiner Müllers an der Psychoanalyse abbilden, umrahmt von einem biographischen Abriß seiner Lebensumstände in Waren. Vor und nach der Transkription der Autographen aus der »Traumbuch«-Mappe wird in Form einer Collage aus Selbstzeugnissen und Dokumenten in wiederholter Spiegelung die Jugend des Dichters beleuchtet, insbesondere sein Verhältnis zum Vater. Als Zeitzeuge des Geschehens tritt Gerhard Bobzin auf, ein Mitschüler Heiner Müllers aus Waren im Jahre 1947, der als Verfasser der Träume von unbekannter Hand aus der »Traumbuch«-Mappe ausfindig gemacht werden konnte.

Die Betrachtungen und Traumprotokolle aus der Warener Zeit sind Zeugnisse aus der Adoleszenzzeit des Künstlers, dessen Jugenderlebnisse zum konstituierenden Element seines Schreibens wurden. Sein Werk ist Schauplatz der historischen Zäsuren, die sein Leben bestimmt haben. Ihm sind die entscheidenden Daten deutscher Geschichte eingebrannt: 1933. 1945. 1953. 1961. 1968. 1989.

»Ich spreche von Geschichte, von ihr bin ich besessen, negiere sie aber gleichzeitig, zeige sogar, wie das Geschichtskonzept nicht mehr existiert.«

[NACH BRECHT. BEGEGNUNG MIT HEINER MÜLLER. HEINER MÜLLER UND MARIA MADERNA. MAILAND, SEPTEMBER 1985. HMW 10. GESPRÄCHE 1, S. 797]

Eine Ausnahmebiographie. Jahrgang 1929, von dem Hans Magnus Enzensberger, ebenfalls Jahrgang 1929 wie Heiner Müller, sagte, damit sei man unter dem politischen Aszendenten des »Verrats« auf die Welt gekommen. Dergestalt von Geschichte okkupiert, hat Heiner Müller im Experiment seiner Dichtung wie in einem Selbstversuch die Zukunft der Vergangenheit eines Leben in zwei Diktaturen erkundet. Das Medium dieser Verdichtung von Gegenwart war die Erinnerung, die es zu bewahren gilt gegen das »VERGESSEN UND VERGESSEN UND VERGESSEN«

[HEINER MÜLLER, WOLOKOLAMSKER CHAUSSEE V: DER FINDLING. NACH KLEIST. HMW 5. DIE STÜCKE 3, S. 239-246 passim].

»Vergessen ist konterrevolutionär, denn die ganze Technologie drängt auf Auslöschung von Erinnerung.«

[DAS BÖSE IST DIE ZUKUNFT. HEINER MÜLLER UND FRANK M. RADDATZ. BERLIN, FEBRUAR 1991. HMW 11. GESPRÄCHE 2, S. 825]

»Erinnerungen sind ja was sehr Kompliziertes. Der Text über meinen Vater, der Text über meinen Großvater, der Text über den Selbstmord meiner Frau ... Nachdem das aufgeschrieben ist, wurde es so wie etwas Geronnenes. Es existiert jetzt als Text, und ich kann wirklich nicht mehr genau sagen, was an dem geschriebenen Text stimmt und was einfach Verdichtung ist oder Verdrängung. Das ist nicht mehr nachvollziehbar ... Und ich glaube, es ist wirklich so etwas

Ähnliches wie wenn das Leben als Traum erlebt oder erinnert wird. Und wenn Sie einen Traum erzählen, verändern Sie ihn schon. Wenn Sie ihn aufschreiben, verändern Sie ihn nochmal. Und da ist das Resultat schließlich doch Dichtung und Wahrheit, dieser geniale Titel von Goethe. Wer weiß schon, wie das wirklich war, nachdem man es aufgeschrieben hat. Es ist in eine Ebene, in eine Kategorie gekommen, wo man nicht mehr unterscheiden kann zwischen Wahrheit und Wirklichkeit. Wenn es geschrieben ist, hat es eine Wahrheit, die es vielleicht wirklich gar nicht hatte.«

[Heiner Müller oder Leben im Material. Heiner Müller und Hermann Theissen. Berlin, 22. 6. 1992. HMW 12. Gespräche 3, S. 245]

Die Sonderstellung der Schriften von Müllers Hand aus der »Traumbuch«-Mappe beruht darauf, daß es sich um authentisches Material aus der Jugend des Dichters handelt, das seine späteren Reminiszenzen an diese Zeit in den »Gesammelten Irrtümern« seiner Interviews oder in den Erinnerungen seiner Autobiographie konfrontiert mit der Seelentätigkeit des Jünglings, der im Durchträumen und Ahnen den Beginn der Entwicklung zum Dichter erfährt. Die wenigen Exponate aus dieser Zeit können getrost als Keimzelle des Müllerschen Œuvres angesehen werden, weil sie im Kern schon zentrale Motive beinhalten, deren Spuren und Ausläufer sich in den späteren Werken, bis ins Spätwerk hinein, verfolgen lassen. Und dies nicht nur verstanden als stofflicher Vorrat an Erlebtem, das er im Verlauf seines Schriftstellerdaseins ins Werk zu setzten gedachte, vielmehr ist an diesen Texten aus der Frühzeit die Motivation Heiner Müllers zum Schreiben selbst einsehbar, der Beweggrund, der von Anbeginn schon als Bewältigung der erlebten Stoffmasse die Form einer Textproduktion vor Augen hatte, die sich orientiert an der Collage von Traumbildern und der textuellen Struktur von Träumen.

Wie die Seele mit der Welt ihrer Träume eine untrennbare Einheit bildet, wodurch allererst im Träumen die Seele zur Vorstellung ihrer individuellen Welt gelangt, so ist, Hegel hat dies in seiner »Enzyklopädie« dargelegt, das Verhältnis des Individuums zu seinem Genius geartet: »Unter dem Genius haben wir die in allen Lagen und Verhältnissen des Menschen über dessen Tun und Schicksal entscheidende Besonderheit desselben zu verstehen. Ich bin nämlich ein Zwiefaches in mir, – einerseits das, als was ich mich nach meinem äußerlichen Leben und nach meinen allgemeinen Vorstellungen weiß, und andererseits das, was ich in meinem auf besondere Weise bestimmten Inneren bin. Diese Besonderheit meines Inneren macht mein Verhängnis aus, denn sie ist das Orakel, von dessen Ausspruch alle Entschließungen des Individuums abhängen; sie bildet das Objektive, welches sich von dem Inneren des Charakters heraus geltend macht. Daß die Umstände und Verhältnisse, in denen das Individuum sich befindet, dem Schicksal desselben gerade diese und keine andere Richtung geben, dies liegt nicht bloß in ihnen, in ihrer Eigentümlichkeit, noch auch bloß in der allgemeinen Natur des Individuums, sondern zugleich in dessen Besonderheit. ›Zu den nämlichen Umständen verhält dies bestimmte Individuum sich anders als hundert andere Individuen; auf den einen können gewisse Umstände magisch wirken, während ein anderer durch dieselben nicht aus seinem gewöhnlichen Geleise herausgerissen wird. Die Umstände vermischen sich also auf eine zufällige, besondere Weise mit dem Inneren der Individuen, so daß diese teils durch die Umstände und durch das Allgemeingültige, teils durch ihre eigene besondere innere Bestimmung zu demjenigen werden, was aus ihnen wird.‹«

[G. W. F. Hegel, Enzyklopädie der philosophischen Wissenschaften. Dritter Teil. In: G. W. F. Hegel, Theorie-Werkausgabe, Bd. 10. Frankfurt am Main, S. 131 f.]

Die zweite Sektion: Traumprotokolle

Bei den in dieser Abteilung vorgelegten Traumaufzeichnungen Heiner Müllers handelt es sich zumeist um flüchtige Skizzen und Notate, mit denen er in Stichworten das Traumgeschehen nach dem Erwachen oder nachträglich aus der Erinnerung festzuhalten trachtete; aber auch um Traumnotizen, in denen die Traumerzählung schon Kontur annimmt; oder aber um Traumprotokolle, in denen der Versuch unternommen wird, die Geschichte eines Traumes ausformuliert zu erzählen, wenn auch beileibe nicht in der von Heiner Müller literarisch sanktionierten Gestalt eines Traumtextes, wie er dergleichen zu Ende seines Lebens veröffentlichte Texte explizit benannt hat.

[Vgl. im Kapitel TRAUMTEXTE die Texte Nr. 26 und 31.]

Die in dieser Sektion zusammengestellten Texte sind eine Weiterführung der von Heiner Müller angelegten »Traumbuch«-Sammlung, denn die Traumaufzeichnungen dieses Kapitels sind alle nach 1952 entstanden, jenem Jahr also, mit dem das Traumbuch endet. Die bis ins Todesjahr 1995 reichenden Aufzeichnungen sind aus dem Nachlaß kollektioniert und bisher ebenfalls nicht publiziert. Eine genaue Datierung läßt sich aus dem Material dieser Kollektion freilich nicht erschließen; einmal ist die Handschrift Heiner Müllers bereits sehr früh schon ausgeprägt, so daß aus ihr keine temporären Rückschlüsse zu ziehen sind; zum anderen ist auch vom Status der beschriebenen Papiere eine Datierung selten ablesbar, so daß als Kriterium am Ende die wenigen ausgeschriebenen Daten, zumeist aus den 80er und 90er Jahren des vergangenen Jahrhunderts, Anhaltspunkte bieten sowie manifest auftretende Hinweise zu Inhalten aus Tagesresten und Verweise auf andere Realitäten wie Sujets im Werkzusammenhang.

Heiner Müller soll mit den hier exponierten Traumnotizen und Traumprotokollen aus dem Nachlaß nicht auf die Couch gelegt und nachträglich ausgelegt werden nach allen Regeln der von Freud entwickelten Traumdeutungskunst. Deshalb wird auch, im Gegensatz zum Verfahren im TRAUMBUCH, in diesem Kapitel auf die Darstellung biographischer Bezüge weitgehend verzichtet. Mit seinen Traumaufzeichnungen ist Müller ohnehin kein tauglicher Gegenstand für die Traumdeutung nach der von Freud entwickelten Maßgabe:

»Wir sehen oft, daß der Träumer dem Vergessen seiner Träume entgegenarbeitet, indem er den Traum unmittelbar nach dem Erwachen schriftlich fixiert. Wir können ihm sagen, das ist nutzlos, denn der Widerstand, dem er die Erhaltung des Traumtextes abgewonnen hat, verschiebt sich dann auf die Assoziationen und macht den manifesten Traum für die Deutung unzugänglich. Unter diesen Verhältnissen brauchen wir uns nicht zu verwundern, wenn ein weiteres Ansteigen des Widerstands überhaupt die Assoziationen unterdrückt und dadurch die Traumdeutung vereitelt.«

[SIGMUND FREUD, NEUE FOLGE DER VORLESUNGEN ZUR EINFÜHRUNG IN DIE PSYCHOANALYSE. GW XV, S. 14]

Die »Traumtexte«, die für Freud den manifesten Traum repräsentieren, werden hier nicht auf die hinter dem Traum verborgenen latenten Traumgedanken befragt. Heiner Müller hatte bei der »Erhaltung des Traumtextes« immer noch zu schreibende Texte im Blick. Die Traumproduktion des Schriftstellers ist Teil seiner Textproduktion. Nicht der oft delikate manifeste Trauminhalt ist von Interesse, sondern die für die literarische Produktion geräumige Topographie der Traumstruktur. Jenseits der Technik der Psychoanalyse lassen sich Prozesse der Verdichtung und Verschiebung von Träumen zu jenen Traumtexten verfolgen, die Müller als Schriftsteller aus dem Segment seiner Traumaufzeichnungen bewerkstelligt hat. Dementsprechend erscheinen im Kapitel TRAUMTEXTE dieses Bandes jene Traumprotokolle, die erkennbar Gedanken und Strukturelemente mit einem Text teilen und offenbar zur Genese dieses Textes beigetragen haben. Wo immer eine Zuordnung von Traum und Text im Werk Heiner Müllers abzusehen war, ist sie vorgenommen worden. Dabei geht es lediglich um Zuweisungen und Zuschreibungen, um Hinweise ohne Deutung. Traumaufzeichnungen, bei denen sich das Element einer solchen Verknüpfung nicht verifizieren ließ, erscheinen gesondert in diesem Kapitel der TRAUMPROTOKOLLE.

Heiner Müllers frühes Interesse an der Psychoanalyse und der von Freud praktizierten Technik der Selbstanalyse entspricht dem »Anfangen mit Freud« nach dem Kriege, von dem der Religionswissenschaftler Klaus Heinrich berichtet hat. Für Heinrich, Jahrgang 1927, mit dem Heiner Müller nicht nur über Selbstzerstörungswünsche der Nibelungen lange Gespräche geführt hat, war der Aufklärungsanspruch der Psychoanalyse zentral bei der Bewältigung der Vergangenheit im Nachkriegsdeutschland, um den Schleier kollektiver Verdrängung zu durchdringen.

Das »Zeichensystem der Psychoanalyse« ist für den Schriftsteller Heiner Müller ein »Material für Kunst«, genau wie der Marxismus:

»Das sind zwei Ordnungsprinzipien, die ein Instrumentarium entwickelt haben für den Umgang mit Material oder mit Realitäten.«

[Kein Text ist gegen das Theater gefeit. Heiner Müller und Olivier Ortolani. Berlin, 18.2.1990. HMW 11. Gespräche 2, S. 570]

»Psychoanalyse ist das Gegenteil von Kunst. Kunst kann als Flucht vor der Selbstanalyse beschrieben werden. Wenn ich weiß, wer ich bin, habe ich keinen Grund mehr, zu existieren, weiterzumachen, zu schreiben oder sonst etwas zu tun.«

[Das Böse ist die Zukunft. Heiner Müller und Frank M. Raddatz. Berlin, Februar 1991. HMW 11. Gespräche 2, S. 825]

Die in den Traumprotokollen auftretenden Protagonisten, Lebensmenschen und Werksmenschen, sind Nebenfiguren, Statisten der Trauminszenierung im Leben und im Werk Heiner Müllers; ihre Abbreviatur in den Träumen kann ausgeschrieben oder das Geheimnis ihres Abkürzungsinkognitos kann gelüftet werden durch Nachschlagen im Register seiner Autobiographie [Krieg ohne Schlacht, S. 499-505. HMW 9. Eine Autobiographie, S. 505-519] und Biographie [Hauschild, S. 594-609]. Die Bedeutung der Satzzeichen im Abdruck der Transkriptionen wird in der Editorischen Notiz unter »Quellen« erläutert.

Die dritte Sektion: Autorentraum

Das Kapitel Autorentraum ist eine Collage aus Gesprächsfragmenten, in denen Heiner Müller über die Verfertigung von Texten nach dem Prinzip des Traums spricht. Dabei geht es ihm nicht darum, daß er bestimmte Elemente aus seinen Träumen zu einem Text verdichtet, sondern prinzipiell um die Übertragung der Traumstruktur auf die Struktur von Texten. Schreiben wie Träumen bleibt das nie zu erreichende Ziel des Dichters. Die Umschrift der Traumrealität auf die Textrealität. Das führt am Ende zu dem Wunsch, auch das Denken synchron im Schreibprozeß abbilden zu können.

Dergleichen Experimente hatten die Surrealisten in ihrer Schreibpraxis schon erprobt. Die für die Manifestationen des Unbewußten erdachte »écriture automatique« wurde als »unmittelbarer schriftlicher Ausdruck des Denkens« begriffen. Breton spricht in seinem ersten Manifest weiterhin von einer dadurch erzeugten »Art absoluter Realität«, in welcher die »scheinbar so gegensätzlichen Zustände von Traum und Wirklichkeit« aufgehoben werden oder in »Auflösung« verschmelzen, in Korrespondenz zum Projekt der Romantik, das in dem Satz des Novalis gipfelte, der von Heiner Müller wiederholt zitiert wurde: »Die Poesie ist das echt absolut Reelle.«

Für Heiner Müller ist diese poetische Kernschmelze von Traum und Wirklichkeit das Kraftwerk der Kunst:

»Ich glaube, das ist die wesentliche Funktion von Kunst überhaupt, Wert- und Denksysteme in Frage zu stellen, sie unter Umständen auch zu sprengen. Ganz simpel formuliert:

Die Funktion von Kunst ist es, die Wirklichkeit unmöglich zu machen.«

[Ich muss mich verändern, statt mich zu interpretieren. Auskünfte des Autors Heiner Müller. Heiner Müller und Teilnehmer des Kolloquiums. Berlin/Ost, 27. 1. 1981. HMW 10. Gespräche 1, S. 156]

Das wäre dann der politische Beitrag der Kunst, der Traum im Traume:

»Darum geht es bei der Trennung der Kommunisten von der Macht – um die Emigration in den Traum. Dadurch wird eine Idee wieder eine Macht. Den Traum hat es gegeben, und Träume, die einmal entstanden sind, hören nicht auf zu existieren. Realität kann aufhören zu existieren, kann durch eine neue Realität ausgelöscht werden. Aber Träume kann man nicht auslöschen, sie existieren in einer anderen Zeit. Das ist keine Zeit, die man in Vergangenheit, Gegenwart und Zukunft einteilen kann. Aber je mehr Technik es gibt, um so wichtiger wird die Kunst. Um so wichtiger wird die Behauptung des Traums als Realität; die größte Gefahr liegt in der beschleunigten Realisierung von Wünschen durch Technik. In dieser Dimension wirkt die Konfrontation von Kapitalismus und Kommunismus völlig lächerlich. Der Kommunismus existiert in der Traumzeit, und die ist nicht abhängig von Sieg oder Niederlage. Der Rest ist Politik, interessiert eigentlich nur die Macher, die davon leben. Und der Raum dieser Macher muß durch die Mobilisierung von Phantasien und Utopien immer weiter verkleinert werden. Nur dürfen solche Utopien nicht realisierbar sein, daher kommt ihre Kraft. Die Utopie des Christentums bleibt existent, weil man sie in der Realität nicht überprüfen kann.«

[Nekrophilie ist Liebe zur Zukunft. Heiner Müller und Frank M. Raddatz. Berlin, März 1990. HMW 11. Gespräche 2, S. 609]

Die vierte Sektion: Traumtexte

Das Kapitel Traumtexte – die Bezeichnung ist zugleich Titel dieses Bandes – enthält zum einen Texte von Heiner Müller, in denen Material aus seinen Traumaufzeichnungen aufscheint. Die entsprechenden Traumprotokolle werden direkt, ohne Kommentar, den Traumtexten zugeordnet. Zum anderen werden Texte, an denen sich die Traumstruktur in der Textproduktion Heiner Müllers besonders deutlich ablesen läßt, als Traumtexte aus seiner Poesie und Prosa oder Traumszenen aus seinen Theaterstücken vorgestellt.

Die Poetik der Textbilder von Heiner Müller beruht auf Traumbildern. In der Inkubationszeit seiner Texte, die sich oftmals über Dekaden erstreckt hat, arbeitet Müller Schicht für Schicht an der Textablagerung, einem Sediment aus Übermalungen und Überschreibungen, wobei die Bildvorstellungen seiner Texte im Auftragen neuer Textschichten jeweils neue Textbilder erzeugen. Ein Vorgang, dem Heiner Müller sich in seiner BILDBESCHREIBUNG bis zum Exzeß verschrieben hat. Analog zum Wechsel zwischen Traum und Erwachen, den Walter Benjamin in seiner Theorie des Traumbildes als Dialektik im Stillstand bestimmt hat, findet der Wechsel bei Müller zwischen Bild und Text statt. Im Schreibprozeß strebt er einen Progreß ins Unendliche an, wie ihn die Romantiker mit ihrer Experimentalphysik des Geistes als Universalpoesie traktiert haben.

Damit wird die Unmöglichkeit bedeutet, einen Text im strikten Sinne des Wortes zu vollenden. Heiner Müller hat auf die Musik als Idealtypus einer solchen Verfahrensweise verwiesen: »Musik ist kein Bild, Musik ist Denken über Bilder.« So wäre, der Kommentar-Status vieler seiner Texte gibt Hinweise genug, die Textproduktion Heiner Müllers als ein Denken über Texte zu begreifen.

In einem Gespräch mit Ruth Berghaus über Arnold Schönbergs »Moses und Aaron« spricht Heiner Müller über den Rahmen als Totenmaske des Werkes, die den Progreß ins Unendliche des Denkens arretiert: »Damit hängt es zusammen, daß es unmöglich war, die Oper zu vollenden. Sie hätte dann einen Rahmen bekommen, wäre zum Bild geworden. Auch bei Schönberg gibt es diese Hemmung vor dem Bild, dem Bild als Beerdigung von Wirklichkeit oder Prozeßhaftem. Auch bei Picasso ist dieser Widerstand gegen das Bild, vor allem gegen den Rahmen zu beobachten. [...] Du kannst den Rahmen vermeiden, wenn du anfängst, ein Bild zu entwerfen, und bevor das wirklich gesehen wird, bringst du das nächste, als Übermalung, so kommt nie ein Bild zu Ende, das einen Rahmen bekommt. [...] Das Modell dafür – das ist jetzt nicht von mir, das haben kluge Leute darüber befunden – ist BILDBESCHREIBUNG. Deswegen heißt es auch so. Da wird immer ein Bild angefangen, und dann kommt ein anderes, was das alte auflöst oder in Frage stellt. Es kommt nie ein Bild zustande, das du wirklich mit nach Hause nehmen kannst.«

[Ruth Berghaus und Heiner Müller im Gespräch. Zeuthen, 4. 10. 1987. HMW 11. Gespräche 2, S. 98]

»Moses, Marx, Freud, Einstein – das sind vier Pioniere der Abwesenheit. Moses – die Abwesenheit Gottes durch das Bilderverbot, Marx – die Abwesenheit eines gesellschaftlichen Endzustandes durch die Utopie des Kommunismus, Freud – die Abwesenheit des Wesentlichen, des Unbewußten, des Verdrängten, und Einstein – die Relativitätstheorie, die Abwesenheit der eigentlichen Raum-Zeit-Relation. Das sind vier Formulierungen des Bilderverbots. [...] Ein Bild ist auch immer eine Verdrängung von anderen Bildern, ein Zudecken der anderen. Wieso habe ich das Recht, gerade dieses Bild auszuwählen und damit ein anderes zuzudecken? Das hat auch etwas mit Selektion zu tun. Die Judenverfolgung ist die Gegenbewegung zum Bilderverbot. Auschwitz wäre nicht möglich ohne ein Bild vom Juden. Man muß ein Bild von etwas haben, bevor man es zerstören kann.«

[Ruth Berghaus und Heiner Müller im Gespräch. Zeuthen, 4. 10. 1987. HMW 11. Gespräche 2, S. 97, 99]

Für Heiner Müllers ist das System der Selektion die Grundfigur der Politik. Er hat nach Auschwitz geschrieben. In seinen Gesprächen hat er immer wieder Kritik an der KuK-Monarchie aus Kapitalismus und Kommunismus geübt und das Prinzip der Selektion als Ultima ratio ihrer Realpolitik bezeichnet.

Für Schelling, der in seinen geschichtsphilosophischen Fragmenten »Die Weltalter« über Zeit und Ewigkeit reflektiert hat, ist »der wahre Grundstoff alles Lebens und Daseins eben das Schreckliche«.

[F. W. Schlelling, Die Weltalter. Werke 4. München 1927, S. 715]

Die Topographie des Schreckens seiner Zeit hat Heiner Müller Maß für Maß übertragen in die Visionen seiner Traumtexte und Traumszenen. Mit diesem Kunststück unternimmt er den Versuch, Zeit und Raum für »die Möglichkeit einer anderen Wirklichkeit zu erkunden«.

[Kitsch leben, nicht lesen. Heiner Müller und Ruth Rybarski. Berlin, 23. 7. 1994. HMW 12. Gespräche 3, S. 580]

»Ich bediene mich gern des Theaters, um phantastische Räume zu konstruieren; also das wäre eine politische Aufgabe. Das Theater bringt am besten die Kraft des Mythos zum Ausdruck; und meines Erachtens ist der Mythos, der den kollektiven Erfahrungen Stimme verleiht, nichts anderes als ein Traum, und unsere Pflicht ist es, dafür zu sorgen, daß er Wirklichkeit wird.«

[Nach Brecht. Heiner Müller und Maria Maderna. Mailand, September 1985. HMW 10. Gespräche 1, S. 798]

Traumbuch

HEINER MÜLLER IN WAREN (MÜRITZ) 1938-1947

Am 9. Januar 1929 in Eppendorf/Sachsen geboren, siedelte Heiner Müller 1938 mit der Familie nach Waren am Müritzsee um, weil der Vater, ein Verwaltungsangestellter und Funktionär der Sozialistischen Arbeiterpartei, nach Verhaftungen durch die SA, Internierung und Verbringung ins KZ Sachsenburg arbeitslos geworden, in Mecklenburg wieder eine Anstellung gefunden hatte, als Betriebsprüfer der Landeskrankenkasse in Waren. Heiner Müller besucht zunächst weiter die Volksschule, bevor er 1939 auf die Mittelschule wechselt, 1941 wurde er Stipendiat der Oberschule. Seit 1943 in der Hitlerjugend. 1944 Schließung des Gymnasiums, Einberufung zum Reichsarbeitsdienst, Volkssturm. 1945 Ausbildungslager bei Wismar, kurze Gefangenschaft im US-amerikanischen Kriegsgefangenenlager Schwerin. Auch der Vater kam 1945 aus amerikanischer Kriegsgefangenschaft zurück und nahm seine politische Tätigkeit als Funktionär der SPD wieder auf, der 1946 auch sein Sohn beitrat. Kurt Müller war Leiter der wichtigen Konferenz am 20. Januar 1946 zur Vorbereitung der Vereinigung von SPD und KPD zur Einheitspartei SED und legte auch die Entschließung vor, die sich für die baldige Vereinigung aussprach und die Bildung eines vorbereitenden Organisationskomitees beschloß. Kurt Müller wurde am 22. März 1946 von den SPD-Delegierten zum Kreisvorsitzenden der SPD gewählt. Der Kreisparteitag der SPD wählte ihn als Delegierten zum Landesparteitag der SPD und der Landesparteitag der SPD Mecklenburg als Delegierten zum Parteitag der SPD am 21. April 1946 in Berlin und somit zum Vereinigungsparteitag zur SED am 22. April 1946 im Admiralspalast. Bis 1947 war er Paritätischer Kreisvorsitzender der SED und Mitglied des Landesvorstands der SED. Es gibt Veröffentlichungen, die ihn als Gegner der Vereinigung charakterisieren: Er habe versucht, die Sozialdemokraten zusammenzuhalten. Bis zur Wiederaufnahme des Schulbesuchs wurde Heiner Müller bei der Entnazifizierung der Bibliotheken des Landkreises eingesetzt und kurzfristig in der für die Bodenreform zuständigen Abteilung am Landratsamt Waren angestellt, wo sein Vater stellvertretender Landrat war. Ende 1947 Umzug der Familie Müller nach Frankenberg in Sachsen (bei Chemnitz), wo der Vater zum Bürgermeister gewählt wurde. Nach dem Abitur 1948 war Heiner Müller Hilfsbibliothekar an der Stadtbücherei Frankenberg. Mitglied der Frankenberger FDJ und Gründungsmitglied eines »Arbeitsaktivs Junger Autoren«. 1949 journalistische Tätigkeit als »Volkskorrespondent« für die Chemnitzer »Volksstimme«. Delegation zum FDJ-Schriftstellerlehrgang in Radebeul. 1950 Verlobung mit der Mitschülerin Rosemarie Fritzsche. Teilnahme am Schriftstellerlehrgang in Bad Saarow. 1951 Flucht der Eltern in den Westen nach Reutlingen. Kurt Müller wird als »Titoist« aus der SED ausgeschlossen. Heiner Müller bleibt in der DDR. Erste Publikationen als Literaturkritiker in der Zeitung »Sonntag« und der kulturpolitischen Monatsschrift »Aufbau«. Einzelne literarische Arbeiten für den Zentralrat der FDJ bei den »III. Weltfestspielen der Jugend und Studenten für den Frieden«. Am 31. August 1951 Heirat mit Rosemarie Fritzsche. Rückkehr nach Frankenberg. Am 25. Dezember 1951 Geburt der Tochter Regine. 1951-1954 erfolglose Bewerbung um eine Mitarbeit am Berliner Ensemble als »Meisterschüler« bei Bertolt Brecht. 1952 Übersiedlung nach Berlin. Arbeit als Journalist und Lektor für den Aufbau-Verlag.

[Register der vita Heiner Müllers bis 1952 nach Hauschild, S. 566 f. und Heiner Müller Handbuch, S. 399. Zur Rolle des Vaters Kurt Müller bei der »Zwangsvereinigung« von SPD und KPD zur SED vgl.: 60. Jahrestag der Vereinigung der Kreisverbände von SPD und KPD im Kreis Waren am 24. März 1946. Herausgeber Peter Hamann und Otto Görisch mit Unterstützung der Rosa-Luxemburg-Stiftung, S. 40f. Vgl. auch: Neubeginn und Ende der SPD-Ortsgruppe 1945-1946. In: 100 Jahre Sozialdemokraten in Waren (Müritz). Herausgeber Rudolf Borchert, Jürgen Kniesz. Chronik. Schriftenreihe des warener Museums- und Geschichtsvereins e. V. Heft 5. Waren 1994, S. 86ff. Vgl. Heiner Müller über den Widerstand seines Vaters gegen die Vereinigung von SPD und KPD zur SED: Krieg ohne Schlacht, S. 62; HMW 9. Eine Autobiographie, S. 49]

Ich hatte durch die Funktion meines Vaters relativ wenig Kontakt zur Bevölkerung. Die Funktionäre waren isoliert. Es fällt mir ganz schwer, mir vorzustellen, was »normale« Bürger in dieser Zeit über die Lage gedacht oder gesagt haben. Das war wie eine Glasglocke. Die Leute sprachen mit Funktionären nicht über das, was sie dachten. Das war dann in Sachsen, in Frankenberg, wieder anders. Die Leute in Waren sprachen nicht darüber. Das hat auch mit Mecklenburg zu tun, dort ist man sehr verschlossen.

[Krieg ohne Schlacht, S. 52; HMW 9. Eine Autobiographie, S. 40f.]

Mecklenburg war für uns Sachsen wie eine Emigration. Man war Ausländer. Waren war eine kleine Stadt, vielleicht 50 000 Einwohner, ein Luftkurort für Berliner. Ich war völlig isoliert, vor allem in der Schule. Ausländer wurden aus Prinzip verprügelt. Da mußte man immer ziemlich schnell sein. Ich konnte sehr gut laufen. [...] Der Weg zur Schule war gefährlich, auch der Heimweg, weil irgendwelche Mecklenburger auf Ausländerjagd gingen. Auf dem Schulhof haben die Lehrer meistens die großen Schlägereien unterbunden. Ich war der einzige Ausländer in der Klasse. Danach ging ich auf die Mittelschule, weil die billiger als das Gymnasium war. Es mußte ja Schulgeld gezahlt werden. In der Mittelschule gab es zwei alte Lehrerinnen, an die ich mich erinnere, alte Jungfern, sie lebten auch zusammen, zwei würdige alte Damen. Bei denen habe ich mir Bücher ausgeliehen. Sie hatten eine große Bibliothek. Ich war ein guter Schüler und ein sanftes Kind; die beiden Alten liebten mich sehr. 1945 haben sie sich umgebracht, nachdem sie von Russen vergewaltigt worden waren. Sie sind zusammen in den See gegangen.

Von der Mittelschule kam ich auf die Oberschule. Ich kriegte eine Freistelle wegen guter Zensuren. Meine Eltern hätten das Schulgeld nicht bezahlen können. Allerdings war ich dadurch auch ausgeliefert. Ich mußte mich gut verhalten. Ich hatte immer das Gefühl, die Lehrer wüßten, daß ich nicht dazugehöre; wahrscheinlich war es auch so.

[Krieg ohne Schlacht, S. 27; HMW 9. Eine Autobiographie, S. 20 f.]

Gerhard Bobzin, ein Mitschüler Heiner Müllers aus der Warener Zeit, gibt zu bedenken: »Waren hatte vor dem Krieg nicht ›vielleicht 50 000 Einwohner‹, sondern knapp 20 000, ein wohl nicht unwesentlicher Unterschied. Zu dem von Heiner Müller beschriebenen Status des ›Ausländers‹: Ich kann mich nicht erinnern, daß Schüler wegen ihrer Herkunft aus anderen Gegenden Deutschlands (›Ausländer‹) schikaniert wurden. In der Mittelschule (an der übrigens mein Vater zeitweilig unterrichtete) gab es solche Erscheinungen gewiß nicht. Ich habe einige Warener, die HM als Schüler kannten, nach diesen angeblichen Vorfällen gefragt. Ihnen war davon nichts bekannt. Wenn er Kontaktschwierigkeiten gehabt hat, so lag das sicher an seiner exklusiven, abweisenden Art. In der Zeit, als ich mit ihm in der Oberschule in einer Klasse zusammen war, war er nicht ›der Ausländer‹, sondern eben ein wenig kommu-

nikativer, ein esoterischer Typ. Und zu den zwei Lehrerinnen der Mittelschule: Die zwei alten Lehrerinnen an der Mittelschule: Sie sind mir namentlich bekannt und waren zeitweilig Kolleginnen meines Vaters: Margarete Melms und Olga Reinhold. Daß sie HM förderten, ist richtig. Daß sich beide nach Vergewaltigung umgebracht hätten, indem sie in den See gingen, ist so nicht richtig. Fräulein Melms (so nannte man damals unverheiratete Damen) hat noch viele Jahre nach 1945 gelebt, Fräulein Reinholds Schicksal werde ich erst in einigen Tagen erfahren. Meines Wissens haben beide beim Einmarsch der Russen Gift genommen, das aber bei Fräulein Melms offenbar zu schwach dosiert war.«

[Gerhard Bobzin. Brief an den Herausgeber vom 3. Dezember 2008]

Noch einmal, nach 1992, hat Heiner Müller die Zeit in Waren und das Kriegsende, das er im Alter von sechzehn Jahren erlebte, Revue passieren lassen in einem Text, der in Erinnerung an seinen Vater geschrieben ist, eine Reminiszenz an die Kindheit:

Mit der Übersiedlung meiner Eltern nach Mecklenburg 193.. begann ein andres Exil. Ich war Ausländer, wie damals in Mecklenburg jeder, der dort nicht geboren war. Der Ausländer steht auf dem Schulhof allein, von allen beäugt und gemieden, angerempelt und geschlagen, wenn die Lehrer wegsehn. Der Ausländer geht seinen Schulweg allein; er hat keine Freunde. Er muß schneller sein als die Verfolger. Wenn der Ausländer zum Friseur geht, ist die Haarschneidmaschine defekt; sie hackt und reißt ihm die Haare aus statt zu schneiden. Beim Indianerspiel wird dem Ausländer die Rolle zugewiesen, die keiner spielen will, er gehört zum ver-

achteten weil unkriegerischen Stamm der Schwarzfußindianer und steht nach dem Sieg der Apachen am Marterpfahl. Er hat keine Chance, jemals Winnetou oder Old Shatterhand zu sein. Drei Stunden lang lag ich nach einem Indianerspiel auf dem Heuboden einer Scheune, verlassen oder vergessen von dem siegreichen Stamm, den der Hunger heimgetrieben hatte, jeden an seinen Trog, bis eher zufällig ein Bauer mich fand und von den Stricken befreite. Er sagte kein Wort, sah mir nur verwundert nach, als ich ebenso wortlos ohne Dank für den Retter mit tauben Gliedmaßen taumelnd in der Dämmerung verschwand. Ausländer war ich auch, weil ich das Ritual der vierten Mahlzeit, Kaffee und Kuchen am Nachmittag, nicht kannte, für die jedes Spiel mit dem Satz: wir gehen Kaffee trinken, der Akzent lag auf dem Wir, pünktlich abgebrochen wurde. Das Fremdwort Kutte neben dem bekannten Zeichen für das weibliche Geschlecht, wo er gewohnt ist Votze zu lesen, wahlweise mit dem Anfangsbuchstaben V oder F, das zum Beispiel an der Gefängnismauer geschrieben steht, an der sein Schulweg ihn täglich vorbeiführt, muß der Ausländer als Ausgrenzung verstehn: er gehört nicht in diesen Kulturkreis. [...]
Im Winter, wenn die Seen zufrieren, schlägt die Stunde des Ausländers. Sein Platz, wenn das Eis zum erstenmal begangen wird, ist an der Spitze der Expedition; das Gros folgt mit respektvollem Abstand. Der Ausländer weiß, daß der Respekt nicht ihm gilt, sondern der Gefahr, aber er spielt die Rolle des Sklaven, der nicht gezählt wird, in der Einsamkeit des Führers, der vorangeht, und sei es in den Tod. Der Haß des Ausländers auf die Gemeinschaft, die ihn ausschließt, ist grenzenlos: er mündet in den Wunsch, aufgenommen zu werden in die gehaßte Gemeinschaft. [...] Wenn der Ausländer beim Eisgang einbricht, tritt die Expedition

den Rückzug auf das Festland an. Retten kann sich der Ausländer selbst. Unheimlich der Blick durch das Eis und zehn manchmal dreißig Meter glasklares Wasser auf den undeutlichen Grund mit den Schatten der Fische. Einmal sah ich, an einem Ast aufgehängt, der ins Wasser hing und jetzt vom Eis eingeschlossen war, den Kadaver einer Katze, in dem sich Aale festgebissen hatten, ihre trägen Bewegungen, versunken in die Mahlzeit, im stillen Wasser unter dem Eis ein Bild des Glücks.

Den Untergang des Dritten Reiches erlebte ich mit dem Triumphgefühl des feindlichen Ausländers. Ich gehörte mit andern Sechzehnjährigen zum letzten Aufgebot. An die Wochen im Ausbildungslager in den Dünen bei Wismar habe ich keine Erinnerung als das Bild des Schießstands mit den Zielscheiben, die ich nur verschwommen als schwarze Punkte in der Landschaft sah, weil ich schon seit langem eine Brille gebraucht hätte. Auch in der Schule hatte ich Schrift an der Tafel nicht mehr lesen können, aber ich wollte kein Brillenträger sein. Die Brille wäre das Eingeständnis einer physischen Schwäche gewesen, eine Blöße, gefährlich im feindlichen Ausland: der Führer trug keine Brille. Über die Schulzeit half mir, was ein hinkender Lehrer im Lateinunterricht bei der Lektüre von Vergils AENEIS mir vorwarf, ich nahm es als Kompliment: Müller, ich weiß genau, Sie sind nicht vorbereitet, aber ich kann es Ihnen nicht beweisen, Sie haben wie Schiller die Gabe der Divination. Meine Sehschwäche erwies sich bei der Schießausbildung als glücklicher Umstand. Unser Ausbilder, ein gläubiger junger Nationalsozialist, teilte uns nach den Schießergebnissen in Männer und Idioten. Er hatte den Ehrgeiz, aus den Männern Soldaten zu machen, die Idioten interessierten ihn nicht, sie

hatten ein ruhiges Leben, und ich gehörte zur Schar der Idioten. Den Ausbilder sah ich zuletzt auf einer Straße in Schwerin, in einer Kolonne von Straßenfegern, die aus ehemaligen deutschen Offizieren rekrutiert war, ein Demütigungsritual der amerikanischen Sieger. Ich begrüßte ihn und er sagte, er hätte schon angefangen, darüber nachzudenken, ob nicht er ein Idiot gewesen sei. Und ich erinnerte mich an die Episode auf dem Marsch nach Schwerin, (in die amerikanische Gefangenschaft), als an der Spitze unserer Kolonne ein Kradmelder hielt, dann schnell an uns vorbei weiterfuhr, und hinter ihm wankte der junge Ausbilder die Kolonne entlang, schluchzend wie ein Kind oder ein Jungtier, das die Mutter verloren hat: Der Führer ist gefallen.
Wir marschierten in Richtung Schwerin, das schon von den Amerikanern besetzt war, mein Gewehr war ein norwegisches Fabrikat aus den frühen dreißiger Jahren, auf Landstraßen und durch meist menschenleere Dörfer hinter dem Strom der Flüchtlinge her, ihre Transportmittel reichten vom Pferdegespann, hinter dem manchmal ein Schwein als Marschverpflegung am Seil angebunden war, bis zum Handwagen, auf dem die Großmutter mit den Enkeln saß, Autos und der schon lange kriegsentscheidend knappe Treibstoff waren der Elite vorbehalten, die auch bei der Flucht vor den Russen die Führung übernommen hatte und schon weit voraus war, im Reich der Freiheit, das hinter der Elbe vermutet wurde, bei den Feinden aus dem Westen. Weit von dem Schrecken, der besonders von den asiatischen Truppenteilen der Roten Armee ausging, genährt von der Erinnerung an den Mongolensturm, von der die Propaganda zehrte, und vom Herrschaftswissen um die deutschen Verbrechen im Osten.

Meine Stiefel waren zu eng, so daß mein Marschtritt bald in ein schmerzhaftes Hinken überging. Die Blasen an den Füßen blieben meine einzige Verwundung: mein Krieg war ohne Schlacht. Einmal überquerten russische Panzer kenntlich an den roten Sowjetsternen vor uns die Chaussee. Wir sprangen rechts und links in die Straßengräben und machten unsre Panzerfäuste zum Abschuß bereit, wie wir es gelernt hatten. Aber die Panzer ignorierten uns und verschwanden ohne Halt, Büsche und Bäume niederwalzend, in einem Waldstück. Ich kann mich nicht erinnern, daß ich Angst gehabt hätte. Wir wußten zu wenig vom Krieg, den wir nur aus Büchern und Wehrmachtsberichten in der Wochenschau kannten. Auch andre gefährlichere Episoden, einen Angriff von Tieffliegern auf eine Waldstraße mit einem Flüchtlingstreck, hinter dem ich her trabte, schon allein und nach der Auflösung unsrer Truppe kein Soldat mehr, meine Flucht in den Schatten der Bäume, oder die erste Gelegenheit, wo auf mich geschossen wurde, weil ich mit andern, blind auf das Stichwort eines Soldaten Wir hauen ab, aus einem wahrscheinlich letzten Zug in Richtung Westen gesprungen war, den eine russische Einheit angehalten hatte, wir rollten einen Abhang hinunter und die Russen schossen aus Maschinenpistolen hinter uns her, das und andres erlebte ich eher als einen Traum oder wie eine Operation mit örtlicher Betäubung. [...] Beim ersten Halt auf dem Marsch nach Schwerin, in einem verlassnen Dorf, wo wir unsre Feldflaschen mit frischem Wasser füllten, geriet ich in eine Wohnung mit gut sortiertem Bücherschrank und beschwerte mein Marschgepäck mit deutscher Philosophie: Kant und Schopenhauer, (weniger aus Interesse an ihrer Philosophie als an der Schönheit der Dünndruckausgaben). Sie blieben meine einzige Kriegsbeute, der Amerikaner, der mich zum Kriegsgefangenen machte, nahm mir nur eine Flasche Anisschnaps weg, die ich gerade neben einem toten Pferd aufgelesen hatte, und die Russen die mich später in Empfang nahmen waren nur an Uhren interessiert und an meinem gestohlenen Fahrrad. [...] Unser Marsch nach Schwerin endete auf einem leeren Bauernhof, wo der Führer unsrer Truppe eine Gedenkrede auf den im Kampf gefallenen Hitler hielt, garniert mit Haßtiraden gegen die Verräterclique um Dönitz, der die Kapitulation unterzeichnet hatte. Er könne uns keine Befehle mehr erteilen, aber wer ein deutscher Mann sei, möge zu ihm treten und in der Organisation Werwolf unter seiner Führung im Untergrund weiter für Deutschland kämpfen. Obwohl es allen deutlich sichtbar schwerfiel, gegen das Pathos der Situation, von dem auch ich nicht unberührt blieb, in den Schauern des Untergangs, der immer das geheime Ziel der Bewegung gewesen war und ihren Sog ausmachte, kein Deutscher und kein Mann zu sein, und das hieß auch: kein Indianer, traten nur fünf von uns deutsche Männer zu dem einsamen letzten Soldaten des Führers. Eine Verlegenheit blieb zurück, als die Werwölfe im nächsten Wald verschw [Textabbruch]

[Im Herbst 197.. starb mein Vater. Autobiographisches Fragment, geschrieben nach 1992. HMW 2. Die Prosa, S. 181-188 passim]

Ich kam von Südwesten wieder in Waren an – eine sehr schöne Gegend, Seen und Wälder. Ich stand ziemlich hoch und blickte auf die Stadt, dieser Moment ist mir in Erinnerung. Es stand noch alles. Waren ist kaum bombardiert worden, nur die Flugzeugwerke. Meine Mutter war da, mein Bruder, und ein russischer Offizier, eine Einquartierung, ein freundlicher, höflicher Mann, er sprach deutsch. Mein Bruder war sehr beliebt, Kinder liebten sie ja sowieso. Es war eine chaotische Zeit. Es ging immer um die Beschaffung von Essen, das klappte über die Russen. Meine Mutter kochte dann auch für sie. In der Zeit der Vergewaltigungen war sie zu einer Freundin gezogen, deren Mann aus dem KZ noch nicht zurück war. Diese Frau lebte mit einem Jugoslawen, kein Titoist, sondern ein Ustascha-Mann, glaube ich. Ein Riese um die einsneunzig, ein Bär, freundlich. Der sprach russisch und hat die Russen abgewimmelt. Er hatte eine ganze Herde Frauen im Haus und hielt die Russen von ihnen ab.

[Krieg ohne Schlacht, S. 43 f.; HMW 9. Eine Autobiographie, S. 33 f.]

Die Zeit nach dem Krieg war ziemlich wüst, aber auch ganz intensiv. Zum Beispiel der Tanzpalast in Waren. Da war jede Nacht Tanz. Tanz auf dem Vulkan, eine Mischung aus Endzeit und Karneval. Nach dem Krieg fing eigentlich nichts Neues an, es war nur etwas zu Ende. Es gab noch keine neuen Hoffnungen. Es war alles ziemlich wild, alles ging ganz schnell. An einem Abend im Tanzpalast mußte ich dringend scheißen, und das Klo war wieder überflutet, also ging ich in die Büsche neben dem Haus. Ich hatte gerade die Hose runtergelassen, da tauchen zwei Russen mit MPs aus dem Busch auf und wollten wissen, was ich da machte. Ich versuchte ihnen klarzumachen, daß ich scheißen will. Das glaubten die mir aber keineswegs. Ich habe schnell die Hose hochgezogen, habe mich fallenlassen, bin den Abhang hinuntergerollt, und sie haben hinter mir hergeschossen. Im Klo schwamm die Scheiße, so überfüllt war der Tanzpalast.

[Krieg ohne Schlacht, S. 45; HMW 9. Eine Autobiographie, S. 35]

BALLSONETT

Im Saal wird grün Musik. Welker Gestank
Ist sehr gemischt, den keiner definiert,
Weil jeder plötzlich sein Gesicht verliert.
Gefleckte Huren grinsen müde, krank.

Die Stücke hat der Tanz zu Brei verrührt.
Sie sind wie Tiere ernst. Sein Atem klang,
Als ihn ihr Schenkel spinnenhaft umschlang,
Bis sie, in Wölkchen, ein Bedürfnis spürt …

Weit vor die Tür zu gehen, die getrübte.
Als er sie unter schmalem Monde liebte,
Erbrach sich einer, welchen Schnaps betrübte.

Im Saal der andre schneidet voller Tücke
Die Luft in kleine feste böse Stücke
Und geht, denn er empfindet sich als Lücke.

[HMA 2086. Mit handschriftlichem Vermerk Heiner Müllers zum ersten Satz im ersten Vers: »Mist.«]

Als »Tanzpalast« wurde, nach Auskunft von Gerhard Bobzin, »das Schützenhaus auf dem Mühlenberg bezeichnet, es wurde später ›Graichenhof‹ (nach den Betreibern), dann ›Kreiskulturhaus‹ genannt. Im Volksmund hieß das heute zerfallende Haus ›der Schuppen‹.« Dagegen war »Heidelbachs Saal«, der in den Traumaufzeichnungen eine Rolle spielt, »vor allem Theatersaal, in dem auch gelegentlich getanzt wurde«. [Gerhard Bobzin in einem Brief vom 18. Dezember 2008 an den Herausgeber] *Heidelbachs Saal war regelmäßig Schauplatz politi-*

scher Versammlungen und Tagungen. Die Initiativgruppe Sobottka, die Frauen und Jugendlichen neue Vorstellungen vom Leben und vom Aufbau einer antifaschistisch-demokratischen Ordnung vermitteln wollte, und vor allem der am 13. Juni 1945 auf Initiative der Sowjetischen Militäradministration in Deutschland [SMAD] mit dem Ziel gegründete Kulturbund [KB], die Bürger und insbesondere die Intelligenz nach dem Ende der faschistischen Diktatur an einer demokratischen, antifaschistischen Kulturentwicklung und Erneuerung Deutschlands teilhaben zu lassen, haben in Heidelbachs Saal 1945 die ersten großen Kulturveranstaltungen nach dem Krieg organisiert.

Diesem späteren Kulturbund der DDR gehörten zahlreiche Schriftsteller an, darunter Willi Bredel, Fritz Erpenbeck, Bernhard Kellermann, Victor Klemperer, Anna Seghers, Bodo Uhse, Christa Wolf, Arnold Zweig. Präsident wurde Johannes R. Becher, der dieses Amt bis 1958 wahrnahm. Auch Heiner Müller wurde kurz nach dem Abitur (1948) und ersten journalistischen Arbeiten für die Chemnitzer »Volksstimme« 1949 in Frankenberg Mitglied des Kulturbundes, durch den er die Einladung zu einem Schriftstellerlehrgang in Radebeul bei Dresden vermittelt bekam. Dort erste Begegnungen des Nachwuchses zur fachlichen Weiterbildung mit dem Generalsekretär des Kulturbundes, Klaus Gysi, später Mitbegründer und Leiter des Aufbau-Verlags und Kulturminister der DDR, mit Boris Djacenko und Hans Mayer, die als Referenten auftraten, und den Kollegen Stefan Hermlin, Wolfgang Kohlhaase, Martin Pohl, später Brechtschüler, Helmut Hauptmann, Alfred Klein, einem Germanisten, Hans Dieter Mäde, der 1958 am Berliner Maxim-Gorki-Theater in einer Doppelaufführung »Der Lohndrücker« und »Die Korrektur« von Müller insze-

nieren sollte, später DEFA-Generaldirektor, und Frank Vogel, später DEFA-Regisseur.

[Vgl. Krieg ohne Schlacht, S. 59 f.; HMW 9. Eine Autobiographie, S. 45; und Hauschild, S. 57]

Heiner Müller besuchte in Waren das Richard-Wossidlo-Gymnasium in der Güstrower Straße, das 1939 nach Prof. Dr. h. c. Richard Wossidlo (1859-1939) benannt wurde, Begründer der Volkskunde Mecklenburgs, der als einer der bedeutenden Feldforscher der europäischen Ethnologie gilt. Zu dem heute mit moderner Architektur sehr erweiterten Schulkomplex gehörten damals die Turnhalle und das Maltzaneum, von dem in den Traumprotokollen als Ort des Chemieunterrichts die Rede ist. Im Maltzaneum ist heute eine evangelische Grundschule untergebracht. Der Name geht auf den Stifter Freiherr Hermann von Maltzan (1841-1891) zurück, der als begeisterter Naturforscher 1866 mit seinen geologischen Sammlungen den Grundstock für das erste Naturhistorische Museum Mecklenburgs legte, der heute zum Kernbestand des Müritz-Museums gehört, das nach einigen Umzügen 1929 seinen Platz am Rande der Warener Altstadt gefunden hat.

Zusammen mit einem ehemaligen Lehrer von der Oberschule, Sozialdemokrat bis 1933, der dann auch der erste Schuldirektor nach dem Krieg wurde, war ich für die Säuberung, die Entnazifizierung der Bibliotheken des Landkreises verantwortlich. Wir säuberten die Bibliotheken von Naziliteratur, auch die der Gutsherren. Diese Tätigkeit war die Grundlage meiner eigenen Bibliothek. Ich habe geklaut wie ein Rabe. Das war eine schöne Zeit. Ich habe Bücher geklaut, gelesen und einfach sehr viel kennengelernt.

[Krieg ohne Schlacht, S. 45 f.; HMW 9. Eine Autobiographie, S. 35]

Auskunft von Gerhard Bobzin zur Zusammenarbeit Heiner Müllers mit dem »ehemaligen Lehrer« von der Oberschule: »Er war schon im Krieg Leiter der Oberschule und blieb es auch einige Jahre nach 1945, eine markante, nicht unumstrittene Persönlichkeit in unserer kleinen Stadt: Dr. Leopold Köhler.«

[Gerhard Bobzin. Brief vom 3. Dezember 2008 an den Herausgeber]

In Waren hatten wir diesen von der Tuberkulose genesenen Deutschlehrer gehabt, der uns immer Trakl vorlas, Rilke, aber am liebsten Trakl: »Und nächtens stürzen sie aus roten Schauern, so des Sternenwinds gleich rasenden Mänaden.« Eine sehr lyrische Natur.

[Typoskript Autobiographie. HMA 4487, S. 79]

Dieser Deutschlehrer war der von den Schülern hochverehrte Dr. Karl Gratopp. Gerhard Bobzin erinnert sich: »Er war ein überragender Philologe, der auf aufgeschlossene Schüler einen immensen Einfluß hatte. Ich habe bei ihm in dem einen Jahr, in dem ich sein Schüler war, mehr gelernt als auf der Universität, nämlich die Liebe zur Literatur, zur Dichtung. Ich habe ihn, als ich schon an der Oberschule tätig war, häufig besucht. Sein Schwerpunkt war Friedrich Hölderlin. Die Kommunisten hatten ihn wegen seiner ›idealistischen Grundhaltung‹ und wegen seiner entschiedenen Weigerung, sich auf den M[arxismus]L[eninismus] einzustellen, aus dem Schuldienst entfernt. Er wurde dann von der Kirche als Kreiskatechet eingestellt. Eine tief beeindruckende Persönlichkeit.«

[Gerhard Bobzin. Brief an den Herausgeber vom 3. Dezember 2008]

Ein Eintrag in der »Chronik des Friedhofes von Waren (Müritz)« gibt zur ehemaligen Grabstätte von Karl Gratopp die Auskunft: »Dr. phil. Karl Gratopp (1890-1973), war Studienrat am hiesigen Gymnasium. Er gab einen vorzüglichen Deutschunterricht. Als er nach dem letzten Krieg der Jugend die Werke Hölderlins näherbrachte, wurde ihm dies von der Schulbehörde verboten. Darauf quittierte er den staatlichen Schuldienst. Er wechselte in den Kirchendienst und wurde Kreiskatechet. Sein Interesse galt auch der niederdeutschen Sprache. So veröffentlichte er Bühnenstücke in plattdeutscher Sprache.« [Die Stücke heißen: »Dat Spinnenwunner«, 1922; »Weg«, 1922; »Mit Gunst!«, 1937.] Gratopp war Mitarbeiter und engster Vertrauter von Wossidlo und der einzige, mit dem Wossidlo für längere Zeit seine private Forschungsstätte geteilt hat. 1935 erschien Gratopps umfassende Wossidlo-Biographie: »Richard Wossidlo. Wesen und Werk« bei Wachholtz in Neumünster.

In Mecklenburg hatte mein Vater kaum noch Zeit für Bücher oder mich. Es gab aber einen Deutschlehrer an der Oberschule, der mir Bücher borgte. Im Unterricht las er uns Trakl vor: »Und nächtens stürzen sie aus roten Schauern / Des Sternenwinds gleich rasenden Mänaden.« Einmal hatte er ein Problem. Ich wollte die »Gespenstersonate« von Strindberg lesen, und das wollte er mir nicht geben. Später erfuhr ich, daß er einen Mitschüler, der auch Bücher bei ihm borgte, vor mir gewarnt hat. »Hüten Sie sich vor diesem Menschen.« Damals hatte ich gerade angefangen, Bücher über Psychologie und Psychoanalyse zu lesen. Mit fünfzehn, sechzehn dann auch Literatur über Hypnose. Und dieser Mitschüler war mein bestes Medium. Mein größter Erfolg als Hypnotiseur war eine Gemeinheit: Mir gefiel ein Mädchen, in das er verliebt war, in aller Unschuld, glaube ich. Ich habe ihn per Hypnose dazu gebracht, sich von ihr zu trennen. Die Strafe folgte auf dem Fuß. Denn es stellte sich – ich schnürte da um sie herum – schließlich heraus, daß sie zwei Brüder hatte, und diese Brüder waren Schmiedegesellen.

[Krieg ohne Schlacht, S. 33; HMW 9. Eine Autobiographie, S. 24 f.]

Im Typoskript zur Autobiographie ist diese Episode plastischer formuliert:

Zu mir sagte er immer: »In Ihnen steckt etwas sehr Tiefes, doch das ist auch sehr gefährlich.« [...] Zu dem Mitschüler: »Der Müller ist gefährlich für dich. Paß auf, der ist böse.« Mit diesem anderen hatte ich viel zu tun, er war ein sehr sensibles Kind. Damals hatte ich gerade angefangen, Bücher über Psychologie, Psychoanalyse zu lesen. Mit fünfzehn, sechzehn dann auch Bücher über Hypnose. Und er war mein Lieblingsopfer für Hypnose; ich habe ihn immer mit großem Erfolg hypnotisiert. Er war ein tolles Medium. Zum Beispiel gab ich ihm einmal eine Zwiebel und sagte, das sei ein Apfel. Und er hat die Zwiebel gefressen wie einen Apfel. Das hat funktioniert, kein Problem. Die größte Gemeinheit war die: Ich war etwas verknallt in ein Mädchen, und er ging mit diesem Mädchen, in aller Unschuld, glaube ich, da war nichts weiter. Ich habe ihn hypnotisch dazu veranlaßt, sich von ihr zu trennen. Das war meine böseste Tat. Aber die Strafe folgte auf dem Fuße. Denn es stellte sich – ich schnürte da um sie herum – schließlich heraus, daß sie zwei Brüder hatte. Diese Brüder waren Schmiedegesellen. So mußte ich meine läuferischen Qualitäten einsetzen. Mich haben die Brüder irgendwie ernster genommen als den anderen. Dauernd wollten die mich verdreschen.

[Typoskript Autobiographie. HMA 4487, S. 34]

Bei dem von Heiner Müller als »Lieblingsopfer für Hypnose« traktierten Mitschüler kommt – unter Berücksichtigung von Müllers Notiz [Nr. 6] mit dem Vermerk: »G. B. (nach mehrmaliger Hypnose)« [S. 60] – Gerhard Bobzin in Betracht, der sich freilich nur recht vage an derartige Prozeduren Heiner Müllers zu erinnern vermag, die ihm, auch wenn die Erinnerung mehr und mehr dafür spricht, aus der Distanz von 60 Jahren immer noch einigermaßen unwahrscheinlich vorkommen.
[GERHARD BOBZIN IN EINEM BRIEF VOM 18. DEZEMBER 2008 AN DEN HERAUSGEBER]

Von der Hand seines Mitschülers Gerhard Bobzin stammen die sieben Traumprotokolle, die Müller in seiner Traumbuch-Sammlung aufbewahrt hat und die weiter unten nachzulesen sind [Nr. 10-16]. Geboren 1927 in Lutheran (Mecklenburg). Aufgewachsen in Waren/Müritz. Entstammt einer Lehrerdynastie. Abitur 1948 nach Kriegsdienst, Verwundung in Stalingrad und sowjetischer Kriegsgefangenschaft. Ausbildung zum Lehrer, 1954 bis 1958 Lehrtätigkeit an der Warener Oberschule. 1958 Flucht in den Westen. Dort – nach einem Germanistikstudium in Hannover – Oberstudienrat an einem Gymnasium in Uelzen. Nach der Pensionierung und dem Fall der Mauer 2001 zurück nach Waren. Verheiratet seit 1950 mit der Lehrerin Gerda Bannow, einer ehemaligen Mitabiturientin.

Aus russischer Kriegsgefangenschaft zurückgekehrt, lernte Gerhard Bobzin 1947 Heiner Müller als Mitschüler in Waren kennen. Es entwickelte sich eine »Zweckfreundschaft«. Sie dauerte ein knappes Jahr. Gerhard Bobzin empfindet sich heute als »Quelle und Opfer dieser Freundschaft«. Heiner Müller habe sich nie erkundigt nach seinen Erlebnissen im Kriege und in der Gefangenschaft. Er habe ihn immer aufgefordert, ihm seine Erlebnisse und Träume aufzuschreiben: »Schreib mir was auf. Erzähl mir Träume.« Gerhard Bobzin hatte vergessen, daß er Heiner Müller Aufzeichnungen von seinen Träumen überlassen hatte. Seine Frau, Gerda Bannow, erinnert sich, daß Heiner Müller sich auch als Graphologe betätigt habe. Nach Begutachtung der Handschrift von Frau Bobzin war sein Kommentar: »lustbetonte Kurven«. Heiner Müller wurde von seinen Mitschülern als Zyniker betrachtet. Das Analysieren und Beobachten waren seine Domäne. Er war, insbesondere bei seinen Mitschülerinnen, nicht sehr beliebt. Galt als unheimlich. Er war ein Büchernarr und hatte bekanntermaßen neben Freud und Ernst Jünger bereits Poe, Kafka, Baudelaire und Wedekind gelesen, insbesondere von Poe erzählte er dauernd. Heiner Müller überraschte durch Bonmots wie: »Jeder ist sein eigener Fußball«, wobei es sich um ein Zitat von Heartfields Collage »Jedermann sein eigner Fußball« handelte, was die Mitschüler freilich nicht realisierten.

[Aufzeichnungen nach einem Gespräch mit Gerhard Bobzin in Waren, Oktober 2008]

In einem Brief vom 12. November 2008 an den Herausgeber erinnert sich Gerhard Bobzin an weitere Einzelheiten, die zu beobachten waren: »HM hatte eine auffällige Gehweise: Trippelnd, kurze Schritte. Später zeigte er ja ein auffällig-unauffälliges Brecht-Gehabe: Lederjacke, Zigarre. Zu meiner Zeit spielte Brecht keine Rolle.« Am Ende übergibt Gerhard Bobzin »aus dem Entwurf meiner autobiographischen Bemühungen« seine Charakteristik Heiner Müllers: »Ein bißchen Kommunist, ein bißchen Dissident, ein bißchen Opportunist, ein bißchen Freudianer, später ein bißchen brechtisch. Ein Mephisto. Ein bißchen Freud, ein bißchen Nietzsche, ein bißchen We-

dekind, Baudelaire, Kafka, Ernst Jünger, nichts Linkes. Und immer undurchsichtig, immer sarkastisch, zynisch, lieblos, provokant und menschenverachtend. Ich war für ihn Medium, Quelle, nicht aber Partner oder gar Freund.«

[Gerhard Bobzin, Brief an den Herausgeber vom 12. November 2008]

In der Oberschule stand ich, weil ich Freud gelesen hatte, im Ruf eines Casanova und wurde bei sexuellen Problemen zu Rate gezogen. Dabei hatte ich selbst überhaupt keine Erfahrung. Aber ich habe den Casanova gut gespielt.

[Krieg ohne Schlacht, S. 29; HMW 9. Eine Autobiographie, S. 22]

In seinen Erinnerungen an Waren ist bisweilen nicht auszumachen, ob Heiner Müller von der Zeit im oder nach dem Krieg spricht. Die Frühreife von Heiner Müller ist sprichwörtlich. »Ab zehn ungefähr fing ich an zu schreiben, zuerst Balladen«, bekennt er. [Krieg ohne Schlacht, S. 32; HMW 9. Eine Autobiographie, S. 24] *Und mit sechzehn: »Und ich schrieb in der Zeit im Landratsamt eine Novelle ...«*

[Krieg ohne Schlacht, S. 46; HMW 9. Eine Autobiographie, S. 36]

Damals, mit sechzehn, war für mich sowieso schon klar, daß ich schreiben will und werde. Vorher hatte ich mal so eine Phase mit dreizehn, vierzehn, in der ich Maler werden wollte. [Typoskript Autobiographie. HMA 4487, S. 56]

Auch seinen Part als Casanova hat Müller im Typoskript zur Autobiographie etwas plastischer dargestellt:

In der Oberschule erwarb ich mir den Ruf eines enormen Casanovas, eines besonderen Schweins, und ich wurde dann bei sexuellen Problemen immer zu Rate gezogen. Die anderen erzählten mir alle ihre großen sexuellen Abenteuer, die meistens sehr winzig waren. Einer erzählte mir, daß er auf einer Geburtstagsfamilienfete seiner Kusine unter dem Tisch, während oben gefeiert wurde, unter den Rock gefaßt hatte. Die haben mir alle ihre Untaten erzählt. Ich galt als Spezialist für Schweinereien und hatte große Autorität auf dem Gebiet. Ich wurde auch um Rat gefragt, wenn einer Schwierigkeiten hatte, an Mädchen ranzukommen. Dabei hatte ich selbst überhaupt keine Erfahrung. Ich habe das nur gespielt. [Typoskript Autobiographie HMA 4487, S. 27 f.]

Dazu Gerhard Bobzin: »Daß HM im Ruf eines Casanovas stand, ist mir und den Zeugen, die ich befragte, ganz neu. Im Gegenteil: Wir als Neunzehnjährige hatten unsere Freundinnen, mit denen wir unsere Feten feierten (man nannte es damals nicht so). HM nahm an diesen Veranstaltungen nie teil. Ich habe ihn damals nie mit einem Mädchen zusammen gesehen, meine Gewährsleute stimmen mir zu.«

[Gerhard Bobzin. Brief an den Herausgeber vom 3. Dezember 2008]

Auf der Oberschule spielte sich sexuell nichts ab. Ich mimte nur den Casanova, war aber keiner. Meine amouröse Karriere begann eigentlich erst nach dem Krieg, als Zuhälter in einem Dorf bei Schwerin. Zuhälter ist etwas übertrieben. Ich konnte ein bißchen Englisch von der Schule her und konnte deswegen mit den Amis reden. Ein Major interessierte sich für ein Mädchen aus einer ostpreußischen Flüchtlingsfamilie. Ich sagte, das kann ich arrangieren. Ich sprach mit ihr, und sie war auch bereit. Pünktlich stand sie vor der Scheune. Aber der Major kam nicht. Der kam drei Stunden später. Ich schlief in der Scheune, und dieser Major riß mich mit vorgehaltenem Colt vom Stroh. Er wollte wissen, wo das Mädchen ist. […]

[Typoskript Autobiographie. HMA 4487, S. 36]

Alexander Kluge befragte in seinem Porträt zum 60. Geburtstag Heiner Müller über seine Jugend in Waren. Heiner Müller spricht über die Eltern, Schule, über Kriegserlebnisse mit Gefangenschaft und Befreiung, aber auch über die Wohnsituation der Müllers in Waren:

Das war eine relativ enge Zweizimmerwohnung, glaube ich, nein, drei, es waren drei Zimmer und eine Küche, das wesentliche war, daß es noch ein winziges Zimmer gab neben dem Badezimmer, deswegen träume ich immer wieder von einer Wohnung, in der ich plötzlich Zimmer entdecke, die ich noch nicht kannte. Das hängt vielleicht damit zusammen, daß ich in dem Zimmer zum ersten Mal mit einer Frau geschlafen habe – das ist ein ganz simpler Zusammenhang –. Das war dieses kleine abgelegene Zimmer neben dem Bad. [Alexander Kluge: Und wie alt warst du da?] Wie alt war ich … Ich glaube 16. […] [Alexander Kluge: Wie hast du die kennengelernt?] Die gehörte zu einer Familie aus Danzig, ihr Bruder war Funktionär in der SPD, in der gleichen Partei wie mein Vater, und dadurch kannte man sich.

[Porträt für Heiner Müller (zum 60. Geburtstag). Heiner Müller und Alexander Kluge. München, Frühjahr 1988. HMW 11. Gespräche 2, S. 350]

In meinem ersten Stück überhaupt ging es um ein traumatisches Erlebnis mit einer Schwangerschaft. Ich hatte versucht, in dieser mecklenburgischen Kleinstadt, in Waren, eine Abtreibung zu organisieren. Natürlich war das ein aussichtsloses Unternehmen. Daraufhin habe ich also ein Stück geschrieben über einen jungen Mann, der noch zur Schule geht, und eine Frau ist von ihm schwanger, und damit der Vater nichts erfährt, bringt er den Vater um und seziert ihn im Keller. Das waren große Monologe, wenn der Knabe seinen Vater im Keller seziert.

[KRIEG OHNE SCHLACHT, S. 60; HMW 9. EINE AUTOBIOGRAPHIE, S. 46 f.]

Er stand im Keller (und) schnitt seinen Vater auf (und redete über das Leben)

[HANDSCHRIFTLICHER EINTRAG HEINER MÜLLERS AUF DEM IM UMFELD DER TODESANZEIGEN-TEXTE ETWA 1975/76 GESCHRIEBENEN TEXT »NACH SOVIEL GESTALTEN DIE NICHT GELEBT HABEN ...«; VGL. KOMMENTAR HMW 2. DIE PROSA, S. 207]

PROJEKTION 1975

Wo ist der Morgen den wir gestern sahn

Der frühe Vogel singt die ganze Nacht
Im roten Mantel geht der Morgen durch
Den Tau der scheint von seinem Gang wie Blut

Ich lese, was ich vor drei, fünf, zwanzig Jahren geschrieben habe, wie den Text eines toten Autors, aus einer Zeit, als ein Tod noch in den Vers paßte. Die Mörder haben aufgehört, ihre Opfer zu skandieren. Ich erinnere mich an meinen ersten Versuch, ein Stück zu schreiben. Der Text ist in den Nachkriegswirren verlorengegangen. Es begann damit, daß der (jugendliche) Held vor dem Spiegel stand und herauszufinden versuchte, welche Straßen die Würmer durch sein Fleisch gehen würden. Am Ende stand er im Keller und schnitt seinen Vater auf. Im Jahrhundert des Orest und der Elektra, das heraufkommt, wird Ödipus eine Kömödie sein. [HMW 1. Die Gedichte, S. 199]

Gerhard Bobzin konnte bei einem Besuchsgespräch am 22. Oktober 2008 in Waren dem Herausgeber auch eine Übersicht geben über die Zusammensetzung seiner Abiturientenklasse. Seine Mitschüler, die auch in den Träumen auftauchen, deren Aufzeichnung sich im Traumbuch von Heiner Müller erhalten hat, waren: Armgard Wegener, Hannelore Wiedeholt, Helga Kretschmann, Hanna Moldenhauer, Gerda Bannow, Alice Thiele, Sigrid Habeck – Ilse Klatt hat die Oberschule nicht besucht. Vor dem Abitur 1948 sind abgegangen: Eva Maria Bunge, Heiner Müller und Klausjürgen Wussow, der später bekannte Burgschauspieler und Fernsehstar, der beim Städte-Bund-Theater Waren-Malchin debütierte und nicht, wie in seiner Biographie behauptet, an der Volksbühne in Schwerin. Hartmut Albrecht, Joachim Röpke und Jochen Olden wurden wegen Täuschungsversuchs beim Abitur ein Jahr zurückgestellt. Zum weiteren Traumpersonal aus dieser Zeit zählen: Hans Reimers, ein Mitschüler aus früheren Jahren, ferner Paul-Heinz Czioltowsky, genannt »Teddy«, der ein Hobby-Zauberer war, drei, vier Jahre älter, ein Mitschüler aus früheren Jahren. Juhnke wurde nicht identifiziert. Auch das Auftreten von Nele, Liddy, Gritt, Fritz und Schmidt konnte keiner bekannten Person zugeordnet werden. Aus dem Erwachsenenlager treten in Erscheinung: Herr Willi Klatt, ein damaliger Nachbar der Bobzins, Herr Weigelt, ein Gymnasiallehrer, Professor aus Tschechien, und Herr Mileweski, Schauspieler beim Städte-Bund-Theater Waren-Malchin.

Gerhard Bobzin ist im Besitz zweier Bücher, die ihm Heiner Müller im September 1947 zugeeignet hat, wahrscheinlich Abschiedsgeschenke, denn Ende dieses Jahres erfolgte Müllers Rückkehr ins heimatliche Sachsen, nach Frankenberg. Jeweils mit Widmung. Bei dem einen Buch handelt es sich um »Gedichte« von Hölderlin, die bildschöne Pantheon-Ausgabe im Format 10,5 × 13,5 cm aus dem Berliner Peter Suhrkamp Verlag (1943). Herausgeber Hermann Kasack. Mit Einführung von Rudolf Alexander Schröder. Die Widmung lautet:

Irrtum (Der Glaube ans / Ideal) ist nicht Blindheit, / Irrtum ist Feigheit. Jede / Erkenntnis folgt aus dem / Mut, aus der Härte gegen / sich, aus der / Sauberkeit gegen sich. / Nietzsche / HM

»HM hat in den Widmungen eine erstaunlich ausgeschriebene, ausgeprägte, prägnante Handschrift«, stellt Gerhard Bobzin fest. Das Widmungszitat – schon gezeichnet mit der Paraphe des späteren Weltruhms: HM – stammt aus dem Vorwort »Wie man wird, was man ist« aus »Ecce homo« von Friedrich Nietzsche, wo es im dritten Abschnitt heißt: »Wer die Luft meiner Schriften zu atmen weiß, weiß, daß es eine Luft der Höhe ist, eine starke Luft. Man muß für sie geschaffen sein, sonst ist die Gefahr keine kleine, sich in ihr zu erkälten. Das Eis ist nahe, die Einsamkeit ist ungeheuer – aber wie ruhig alle Dinge im Lichte liegen! wie frei man atmet! wie Viel man unter sich fühlt! – Philosophie, wie ich sie bisher verstanden und gelebt habe, ist das freiwillige Leben in Eis und Hochgebirge – das Aufsuchen alles Fremden und Fragwürdigen im Dasein, alles dessen, was durch die Moral bisher in Bann getan war. Aus einer langen Erfahrung, welche eine solche Wanderung im Verbotenen gab, lernte ich die Ursachen, aus denen

bisher moralisiert und idealisiert wurde, sehr anders ansehen als es erwünscht sein mag: die verborgene Geschichte der Philosophen, die Psychologie ihrer großen Namen kam für mich ans Licht. – Wie viel Wahrheit erträgt, wie viel Wahrheit wagt ein Geist? das wurde für mich immer mehr der eigentliche Wertmesser. Irrtum (– der Glaube ans Ideal –) ist nicht Blindheit, Irrtum ist Feigheit … Jede Errungenschaft, jeder Schritt vorwärts in der Erkenntnis folgt aus dem Mut, aus der Härte gegen sich, aus der Sauberkeit gegen sich … Ich widerlege die Ideale nicht, ich ziehe bloß Handschuhe vor ihnen an … Nitimur in vetitum: in diesem Zeichen siegt einmal meine Philosophie, denn man verbot bisher grundsätzlich immer nur die Wahrheit.«

[Friedrich Nietzsche, Ecce homo. Vorwort (3.) . In: F. N., Sämtliche Werke. Herausgegeben von Giorgio Colli und Mazzino Montinari. Band 6, Deutscher Taschenbuch Verlag, München 1980, S. 258 f.]

Im nachhinein eine Widmung nicht ohne Selbstironie, bedenkt man den Titel GESAMMELTE IRRTÜMER, unter dem vor Jahren in drei Bänden die Gespräche und Interviews von Heiner Müller erschienen sind. Das Buch mit der zweiten Widmung ist abermals ein Hölderlin, »Hyperion«, eine schöne Ausgabe aus dem Reclam Verlag Leipzig, o. J. Die Widmung lautet:

Sage mir Dein / Verhältnis zum Schmerz, / und ich sage Dir, / wer Du bist. / Ernst Jünger

Das Zitat stammt aus dem Essay »Über den Schmerz« aus dem Jahr 1934 von Ernst Jünger: »Der Schmerz gehört zu den Schlüsseln, mit denen man nicht nur das Innerste, son-

dern zugleich die Welt erschließt. Wenn man sich den Punkten nähert, an denen der Mensch sich dem Schmerze gewachsen oder überlegen zeigt, so gewinnt man Zutritt zu den Quellen seiner Macht und zu dem Geheimnis, das sich hinter seiner Herrschaft verbirgt. Nenne mir Dein Verhältnis zum Schmerz, und ich will Dir sagen, wer Du bist!«

[Ernst Jünger, Über den Schmerz. In: E. J., Sämtliche Werke, Band 7. Essays I. Betrachtungen zur Zeit. 2. Aufl. Stuttgart, 2002. Hier zitiert nach: E. J., Betrachtungen zur Zeit. Paderborn 1963, S. 102]

Nachstehend kommen in Transkription jene Autographen zum Abdruck, die Heiner Müller in seiner Traumbuch-Mappe aufbewahrt hat.

[1]
Technik der Psychoanalyse

[A] »Sie werden Ihre Aufmerksamkeit auf das richten, was ich Ihnen sagen werde, und immer einfach auf das nächste, was Ihnen in den Sinn kommt ... über das Vorgelegte nicht grübeln ... nicht zu deuten versuchen, sondern einfach kritiklos sagen, was Ihnen in den Sinn kommt ... Der allernächste Einfall oder wenn mehrere, die nächsten nichts unterschlagen« ..... »diese Anweisung mehrmals erhärten – –
Suggestion vermeiden / (damit Assoziation nicht durch Analytiker beeinflußt wird)
Analytiker gleichmäßige Haltung, keine Gefühlsregungen in Stimme und Ausdruck.

[B] Feste Formeln zur »Einstellung« des Analysanden:
Was fällt Ihnen ein zu X?
Oder: X, weiter?
Entweder gegebene bestimmte Manifestation planmäßig analysieren – oder Manifestation herstellen lassen (von irgendeinem Wort aus, einem Einfall, eine freie Assoziationskette, ein Kryptogramm oder etwas ähnliches bilden lassen)
Besser das 1.: Umstände, die zur Zeit der Entstehung der Symptome gegeben waren, erzählen lassen.
»Wenn wir bei einem Kranken von dem letzten, was er noch erinnert, ausgehen, um einen verdrängten Komplex zu suchen, so haben wir alle Aussicht, diesen zu erraten, wenn uns der Kranke eine genügende Anzahl seiner freien Einfälle zur Verfügung stellt. Wir lassen also den Kranken reden, was er will, und halten an der Voraussetzung fest, daß ihm nichts anderes einfallen wird als was in direkter Weise von dem gesuchten Komplex abhängt.«
Nie ein Versagen der Einfälle!
Aber: Analysand verschweigt (oft unter neurotischem Zwang) oder verdrängt auftauchende Assoziationen.
Zu jedem Einfall je nach Bedürfnis wieder eine oder mehrere andere Assoziationen; diese ebenfalls wieder einzeln konstellieren (einstellen), bis genug Material.

[Traumanalyse] Ausbleibende Einfälle (Stocken) nur, wenn auf Person des Analytikers bezüglich –

Freud: Ausweg, wenn ein Trieb abgesperrt von der primären oder direkten Funktion: »den einzelnen Regungen statt des unbrauchbaren ein höheres, eventuell nicht mehr sexuelles Ziel zu setzen«. –
Aber: »eine frühzeitig vorgefallene Verdrängung schließt

die Sublimierung des verdrängten Triebes aus; nach Aufhebung der Verdrängung ist der Weg zur Sublimierung wieder frei – – [«] [HMA 7220]

Die »Technik der Psychoanalyse« stellt ein Exzerpt dar aus den fünf Vorlesungen »Über Psychoanalyse«, die Sigmund Freud im September 1909 an der Clark University in Worcester Mass./USA gehalten hat. 1910 im Verlag Franz Deuticke, Leipzig und Wien, erschienen, zuletzt in achter Auflage 1930. Die unter [A] als Grundregel der Psychoanalyse notierte Technik der freien Assoziation, die Freud vielmals in seinen Schriften vorgestellt hat, ist sinngemäß nachzulesen in der 3. Vorlesung; bei den Zitaten unter [B] handelt es sich um Notate mit Zitaten aus der 3. und der 5. Vorlesung. [Sigmund Freud, GW VIII, S. 30 und S. 58] *Der von Müller unter [B] aufgeführte Begriff ›Kryptogramm‹ kommt als solcher bei Freud nicht vor. Freud spricht in der »Traumdeutung« von der populären »Chiffriermethode«, die den Traum »wie eine Art von Geheimschrift behandelt« und von der er die Technik der Psychoanalyse strikt unterscheidet. Bei Heiner Müller handelt es sich wohl um eine Reminiszenz an die Kryptoanalyse von Edgar Allan Poe, den er früh gelesen hat. Von André Bretons Theorie des Kryptogramms (»Träume sind Kryptogramme der Wirklichkeit«) wird Heiner Müller zu der Zeit kaum Kenntnis genommen haben. Gleichwohl kann die Linie von Poe über Breton als Via Regis zu den Traumtexten von Heiner Müller betrachtet werden.*

[2]
In den sogenannten Pubertätsdummheiten liegt die Quelle alles dessen, was wir als Erwachsene später tun ... haben

in unsrer Kindheit und Pubertät selbst den Schatz angelegt an halbverrückten und großen Ideen, von dem wir hernach zehren.

Zur Psychologie der Zeugenaussagen: wie darf man einen Menschen wegen Meineids ins Zuchthaus stecken, wenn wir ohne jede Notwendigkeit Dinge so gründlich vergessen können

psychoanalytisch od. kriminalistisch ... würde man mit dem Vorurteil an die Sache herantreten, daß der Betreffende bewußt unterschlägt, was er für kompromittierend hält ...

Psychoanalyse als Zeitlupe, mit der man die Explosionskatastrophen der Seele auflöst.

Lebende Fleischteile von sehr kurzlebigen Tieren (Hühnern, Mäusen) können beliebig lang in geeignetem Nährboden lebendig erhalten werden.

[HMA 7220. Vgl. zur Unzuverlässigkeit der Zeugenaussagen Sigmund Freud, Tatbestandsdiagnostik und Psychoanalyse. GW VII, S. 3 ff.]

[3]

Sektion: I Das lange Haar der Frau wurde nach dem Wirbel zu zusammengerafft, der Kopf mit dem Nacken auf den Holzklotz gelegt. Stirnhaut parallel zu den Augenbrauen durchgetrennt, nach hinten abgelöst, mit Knochensäge Schädeldach abgetrennt. (»Leises Knirschen wie bei feiner Laubsägearbeit«) Schädel nach hinten geklappt, mit den Händen das Gehirn aus seiner Einbettung gelockert, auf Glasplatte gelegt.

II Die ersten Schnitte parallel oberhalb der Schlüsselbeine, dann von der Halsgrube abwärts die Haut über dem Brustbein aufgeschlitzt, rechts am Nabel herum und weiter abwärts über dem Bauch. Mit der Knochenzange den Brustkasten von beiden Seiten her schräg zum Schlüsselbein durchschneiden. Brustbein mit den beiderseits anschließenden Rippenstücken in der Mitte hochklappen. [HMA 7220]

Diese Sektionsberichte sind in einer Version mit Abweichungen unter dem Titel »Das lange Haar der Frau . . .« als Erstveröffentlichung aus dem Nachlaß erschienen [HMW 2. DIE PROSA, S. 165] *mit dem Zusatz NADELTRAUM:*

Das lange Haar der Frau wurde nach dem Wirbel zusammengerafft, der Kopf mit dem Nacken auf den Holzblock gelegt, (die) Stirnhaut parallel zu den Augenbrauen durch(ge)trennt, nach hinten abgelöst, mit (der) Knochensäge (das) Schädeldach abgetrennt (leises Knirschen wie bei einer Laubsägearbeit), Schädel nach hinten geklappt, mit den Händen das Gehirn aus seiner Einbettung gelockert, Organ auf Glasplatte gelegt.
(Sektionsbericht)
Die ersten Schnitte parallel oberhalb der Schlüsselbeine, dann von der Halsgrube abwärts die Haut über dem Brustbein aufgeschlitzt, rechts am Nabel herum und weiter abwärts über dem Bauch. Mit der Knochenzange den Brustkasten von beiden Seiten her schräg zum Schlüsselbein durchschneiden, Brustbein mit beiderseits anschließenden Rippenstükken in der Mitte hochklappen
(Sektionsbericht 2)

Während einer Operettenaufführung (Léhar: Land des Lächelns) die Zwangsvorstellung, daß ich zwei Nadeln in die (wahrscheinlich blauen) Pupillen der Soubrette stecke. Wenn die Nadeln herausgezogen werden, laufen die Augen aus. (Tagebuchnotiz) [HMW 2. DIE PROSA, S. 165]

Im Kommentar zu diesem Text in der Werkausgabe von Heiner Müller [HMW 2. DIE PROSA] *wird auf S. 206 f. notiert: »geschrieben im Umfeld der TODESANZEIGEN-Texte etwa 1975/76. In anderen Manuskripten bezeichnet Heiner Müller diesen Text als SEKTIONSPROTOKOLLE bzw. NADELTRAUM.« Die hier vorgestellten Sektionsberichte I und II aus HMA 7220 aus dem Traumbuchkonvolut von Heiner Müller sind früher zu datieren. Bei dieser Textlage erweist sich einmal mehr, daß Heiner Müller Motive und Sujets unter Umständen Jahrzehnte ventiliert hat, bevor er sie in seinen Texten deponiert hat. Aus der Textüberlieferung lassen sich Zusammenhänge erschließen, die sich am Beispiel SEKTIONSBERICHT wie folgt darstellen:*

Wie immer in seiner Textproduktion geht Heiner Müller auch bei dem vorliegenden Typoskript der Sektionsberichte [HMA 4161], das der Publikation aus dem Nachlaß im Prosaband der Werkausgabe zur Vorlage diente, von handschriftlichen Notizen aus [HMA 7220], wobei der »Sektionsbericht 2« tel quel übernommen wurde, während der erste Sektionsbericht im Typoskript durch Hinzufügung von Artikeln und Änderung der Interpunktion von der Handschrift abweicht. Im veröffentlichten Text werden diese vom Herausgeber zum Teil wieder, ob im Rekurs auf die Handschrift, kann nicht ausgemacht werden, in Parenthese gesetzt.

Als drittes Element erscheint der berühmte »Nadeltraum«, der handschriftlich in einer separaten Nachlaß-Mappe auf vier Blättern in Varianten der Zwangsvorstellung, einer Operettendiva die Augen ausstechen zu wollen, vorliegt [HMA 4149]; mit Vermerken, die als Schema der Zusammenstellung von Selektionsberichten und Nadeltraum zu verstehen sind: »Selektion I – / (Selektionsbericht)« auf einem der Blätter, auf einem anderen: »Selek.bericht als 2. Motto?« Der Verweis im Typo-

skript, es handle sich bei dem »Nadeltraum« um eine »Tagebuchnotiz« des Autors, birgt in sich offenbar die Lizenz, auch zukünftig die Gesammelte Zettelwirtschaft Heiner Müllers stringent als Tagebuch von Lebenslauf und Werklauf zu betrachten.
Das Typoskript befindet sich in der Mappe der Aufzeichnungen zum Text, in dem Heiner Müller den Selbstmord seiner Frau Inge Müller verarbeitet: TODESANZEIGE [S. 122]. Auf einem anderen Blatt aus diesem Konvolut wird der Zusammenhang von »Sektions- / protokolle / Nadeltraum« ebenfalls hergestellt, im Kontext der Stichworte »dream / Hühnergesicht / Liberation of the dead / Bildbeschreibung« etc.
Eine weitere Textverbindung ergibt sich aus einem handschriftlichen Eintrag von Heiner Müller auf dem Typoskript des 7. Abschnitts der LIEBESGESCHICHTE [S. 114] mit dem Sektionstraum. Heiner Müller notiert die Verbindung zum Nadeltraum: »Operette (Lehar Land d. Lächeln) / d. Nadel → Auge der Soubrette« [HMA 4151] *sowie den Verweis auf einen anderen Stoffzusammenhang: »prose: / story of / first play / (childbirth + section / of father) / + reality of Waren / Er stand im Keller + schnitt / seinen Vater auf (Geschichte / der Teile)«* [HMA 4151]. *Die von Müller ausgelegten Spuren führen zum Text seines ersten Stücks mit den Motiven einer ungewollten Schwangerschaft, dem aussichtlosen Versuch, in der Kleinstadt Waren eine Abtreibung zu organisieren und dem daraus folgenden Entschluß zur Sektion des Vaters, dem Vatermord, nach Auskünften von Heiner Müller, die in der Vorbemerkung zu den Traumaufzeichnungen dieser Sektion nachzulesen sind [S. 46].*

Das Motiv »Nadel → Auge« taucht bei Heiner Müller im NACHTSTÜCK wieder auf:

[...] Zwei Beckett-Stachel in Augenhöhe werden von rechts und links hereingefahren. Sie halten am Gesicht des Menschen, der vielleicht eine Puppe ist, er braucht nur den Kopf zu wenden, einmal nach rechts, einmal nach links, den Rest besorgt der Stachel. Die Stachel werden hinausgefahren, jeder ein Auge auf der Spitze. Aus den leeren Augenhöhlen des Menschen, der vielleicht eine Puppe ist, kriechen Läuse und verbreiten sich schwarz über sein Gesicht. Er schreit. Der Mund entsteht mit dem Schrei.

[NACHTSTÜCK. 1956/71. TEXT AUS DEM THEATERSTÜCK GERMANIA TOD IN BERLIN. HMW 2. DIE PROSA, S. 89 f.]

[4]

Die übertriebene Sorge, er könnte vielleicht nicht imstande sein, die Lasten zu tragen, die durch das Kind entstanden, waren vermutlich der immer wiederkehrende verkappte Ausdruck der Klage über das Vorhandensein dieses Kindes.

»Es ist sozusagen anstrengend, wenn die andern Menschen nicht wissen, was man getan hat. (!)«

... Ein Onkel, der Kinder geradezu haßte. Dann heiratete er. Seine Frau – einen Sohn geboren; seitdem größtes Verständnis auch für fremde Kinder.

Man interessiert sich für seine Karriere oder für sein Weib. Wenn man aber so egoistisch ist, daß man auch die Vollendung seines Weibes erleben will, so wird man sehr viele Dinge überhaupt nicht erst anfangen, sofern von vornherein ersichtlich ist, daß man ihren Erfolg nicht erleben kann. ... (sogenannte: Arbeitstrennung)

Oft zu beobachten, daß in einem Kind während einer gewissen Zeit seines Lebens die Ähnlichkeit zur Mutter mehr durchschlägt, in der folgend. Periode wieder mehr die Ähnlichkeit mit dem Vater. [HMA 7220]

[5]
Sperma …
Fraun, die auf Mütterlichkeit eingestellt, richten ihr Licht nach innen und können schwerlich nach außen hin glänzend entfaltet sein. Eine Frau, die sich in ästhetischem Glanz entfaltet, kann sich unmöglich gleichzeitig auf Mütterlichkeit konzentrieren. …
Möglich, daß ein Krüppel höhere Erbeigenschaften hat als ein vollkommen entwickelter Mann.
Die individuelle Liebe durchaus nicht das Idealwerkzeug der Zuchtwahl (während er sich Sorge machte, das Kind könnte von einem minderwertigen Vater stammen, war S. eifersüchtig, weil der Arzt hochwertig und ihm überlegen war)
Arbeitsoptimisten (so alle Frauen, weil Mutterschaft aus Hingabe) – Arbeitspessimisten (die meisten Männer) – Lust hat Lohn in sich, ist nichts wert.
Die instinktive Liebeswahl und der Mechanismus der Eifersucht wirken manchmal im Sinne einer negativen Auslese.
[HMA 7220 – zu Beginn des Textes ein Wort vor »Sperma« nicht zu entziffern: Schm …?]

[6]
Beim Lesen sehr langer jambischer Stellen Gequältsein (fast körperlich) = Verhältnis eines Analysanden (Psychoanalyse) zum kalten, gelassenen Analytiker. Eine Grausamkeit des Autors. Wir (1929) sträuben uns gegen diesen hermetischen Stil.

Traum (Eva B.)
In ihrem Zimmer Weigelt. Gehirnschlag. Aus Lücken Gehirnteile Blutstrahl. Sie (Eva) empfindet »nichts Besonderes«. Es war nicht schlimm. W's Frau »weint« (auch »nicht schlimm«) Eva wäscht W's Kopf ab, trägt das Blut auf Schüssel »wie einen Käse« hinaus.

G. B. (nach mehrmaliger Hypnose) in Dämmerung vor mir im Zimmer.
Suggestion: soll sich lebhaft vorstellen, daß ich ihn ermorden will.
Zunächst: kann nicht.
Dann: mein Gesicht ganz weiß (so erscheint es ihm)
(Weißt du, daß dein Gesicht »ganz weiß ist? ganz weiß.«)
Mein Kopf Totenschädel.
Mein Körper Skelett.
Bei jeder Annäherung wehrt B. mit den Beinen mich ab. Einmal mit Füßen vor die Brust gestoßen –
Später nur noch Skelett. Kein Totenschädel, sondern lebender Kopf. »Paßt nicht auf das Gerüst .. Muß ab ..
Die Straße hinuntergerollt werden. Von Milchwagen überfahren. Unbedingt Milchwagen – Gerüst zusammenschlagen.
Klappern – Knochenlaufen. [HMA 7220]

[7]
G. B. aus Halbschlaf erwachend: »Auf einem toten Sarge kaue ich Abendbrot.« Gefühl: Fichten- oder Tannenholzsarg (weil unedel, nicht zu teuer) und frisches Abendbrot.
Analyse: Moralische Hemmungslosigkeit nach Tod seiner Mutter (Wunsch)

Traum (G. B.): Dunkle, verbaute, verwahrloste eigenartige Gastwirtschaft: »Hier also hatte sich H. M. eingemietet!« G.B fühlt sich hier nicht wohl, (bleibt unbeachtet, alle um M besorgt) Dienstmagd (Inge Klatt) beachtet ihn nicht. Geht durch komischen Hof auf seltsamen freien Platz (Berggipfel) wo B-S Gäste. Bringt Essen nur für M. Die andern Gäste dunkel, gleichgültig (Kirchenchor) M. an schiefem Tisch, (zu ihm geneigt) – M. G. B. klemmt sich an den Tisch. Unangenehmes Gefühl: nicht dazu zu gehören. H. M. sehr nahe links über Eck. G. B. hat Teller, überfüllt, breiige graue Masse. Ißt. Ein Brei (verschrieben, erst: Blei). Klümpchen vom Löffel auf eine Hand von H. M. G. B. leugnet Schuld. (Schiefe des Tisches, mußte parallel zum Tisch fallen)

Bemerkung über Ernst Jünger (Marmorklippen)
Stil jambisch, selten daktylisch, nie oder fast nie 2 betonte Silben nebeneinander ...)
Der Stil darf keine Falten werfen damit nicht gesehen wird, wie der Körper zuckt. Jambisch – getragen = faltig ... forcierte Gelassenheit und Ruhe ... Kein Tempowechsel, der Verrat werden könnte. [HMA 7220]

[8]
Aus Grenzbereichen –

Eindruck: mein Bruder auf kleinem Tisch am Fenster (Profil) sitzend, sehr hageres Gesicht, wie Totenschädel, vorgebeugt mit Sonnenblumenkernen spielend ... »ein Kind, das wie ein Toter spielt ...«

B. aus Halbschlaf (magnetischer »Schlaf« – mittags) erwachend sieht an gegenüberliegendem Fenster Handtuch flattern. Glaubt in Wonne (sehr starkes Lustgefühl) ein Kind aufgehängt zu sehn, das weiß und steif schaukelt..

B. {schwarzer Mantel} in taedio an Baum gelehnt, im Nebel (Stimmungsbild!) spricht vom Saugen des süßen Baumgeruchs und vom Kotzen (mit Gebärden) Flüssigkeit davon bis an die Knie (nach seinem Wort.)
{Messingklinke an weißer Tür. Das weißsilberne schmale tückische Auge eines Gespensts.}

»Wer einmal zweifelte, der muß tüchtiger zweifeln, wenn er nicht verzweifeln will.« Ernst Jünger
Was kümmert den das Jenseits, für den es nichts gibt, was nicht auch jenseits ist?

Traum (G. B.) Stimme H. M.: »Das Zwiebelland Indien ist es zwar nicht, aber es ist ein sadistisches Naturhemmnis« (Über ein Buch, das er dunkel vor sich sah.) H. (Stimme) grinste vor Freude daß Keller so geschrieben hatte (Bild Kellers »vernichtet«) oder Hebbel. [HMA 7220]

[9]
Halbschlaf: zunächst Pferd (stilisiert) mit Blumen. Dann Mädchen mit grünem Kranz in den Händen – Rechte Hand grau und ungewöhnlich groß. Finger nach vorn verdickt. = E. B.
Im Halbschlaf auf Sofa / Vorstellung: ich greife in (Hosen)-tasche, greife etwas heraus (Papier, Tuch?) dazwischen fühle ich plötzlich Nadel, die mir in die Hand sticht. //

Analyse:
Angst vor Infektion bei Freundinnen [?] / Symbolgehalt des Griffs in die Tasche / »stechen« = koitieren. / (vgl. vulgär: Jungfernstich) //
1. Gedanke: nicht die Finger verbrennen / aber das Unbewußte wählte, zusammendrängend, verdichtend: stechen, was zugleich auf den Grund der Angst symbolisch hinweist.
[HMA 2086]

Auf dem nämlichen Blatt hat Heiner Müller sein Gedicht BALLSONETT getippt [S. 36], mit handschriftlicher Paraphrase des letzten Verses sowie explizit einem Vermerk zum ersten Satz im ersten Vers: »Mist.« Auf der Rückseite dieses Blatts befindet sich in Abschrift ein Text über das Theater von George Bernard Shaw.

[10]
Traum 14. 10. 47 [*Traumprotokoll von Gerhard Bobzin*]
1. Juristenleiche
Ich befand mich auf einer Landzunge, die aus Seesand (Erinnerung an den angefahrenen Sand zur Überbrückung der Überschwemmung?) bestand. Meine Mutter war bei mir. Zu beiden Seiten des schmalen Streifens brausten Meere. Links von mir bemerkte ich plötzlich nahe am Ufer eine Juristenleiche, eine stark geschrumpfte, braun-gelbe Leiche mit ausgestreckten Armen (einem Teddy-Bär ähnlich). (Erster Einfall: Herr Klatt). Im Hintergrund war Ilse Klatt, die aber nicht in Aktion trat. Wir gingen weiter. Meine Mutter wollte ins rechte Meer springen, wahrscheinlich aus Selbstmordgelüsten. Ich hielt sie zurück mit dem wiederholten Ruf: »Flut, Flut!« Denn das Meer brauste ständig näher

heran, uns einengend. Erinnerung an ein Erlebnis auf Sylt (1937): Von einigen Gleichaltrigen gefesselt und gequält. Gefühl der Erniedrigung. Mutter erlöst mich. Gefühl der Scham, kaum Dankbarkeit.

2. Theater – Tanz
In Heidelbachs Saal. Wenige Tanzlustige, niemanden kenne ich. Wir warten auf Musik. Schmidt geht ans Klavier. Mit großer Geste beginnt er zu spielen. Ich will auch tanzen. Gehe auf Armgard Wegener zu, die ich erst jetzt bemerke. Gleichzeitig steht ein anderer vor ihr (erster Einfall: Wussow), um sie aufzufordern. Sie überlegt und weist schließlich auf ihn: Ergrimmt, erniedrigt. Gehe zur Bühne. Ballettmädchen (Eva, Gerda, Helga) treten ab. Schade! Also doch Ballett gew. Eva im Abendkleid (Trotz der Bemerkung von Ellens Mutter?) Milewski erscheint auf der Bühne. Blickt forschend in den Saal, verschwindet drohend. Man flieht. Die meisten dem Bühneneingang zu. Ich habe den Mantel vorn, laufe dorthin. Finde ihn an der Ecke beim Eingang zum Bierlokal. Seltsam! Bin ich ohne Schuhe und Strümpfe? Sehe hin und bemerke, daß ich nicht barfuß bin.

»Vision«
15. 10. 47 – Ich fühlte, daß ich in dem Theaterbüro (Heidelbach) sei. Stimme: »Nur eine Kontoristin ist angestellt – – Persiflage.« [HMA 1191]

[11]
16. 10. 47 Traum [*Traumprotokoll von Gerhard Bobzin*] – Ich ging in der Güstrower Straße (bei der Shell-Tankstelle gegenüber von Papierhändler Jäger). Hannelore W. tauchte auf.

Der Gedanke an den K. B.-Tanzabend. Dann war ich auf der anderen Straßenseite. Ein Nebenbuhler tritt auf (erster Einfall: Klaus Wussow). Hannelore verschwand fast ganz. Unterhaltung mit dem Nebenbuhler, der anscheinend nicht erlauben wollte, daß ich mit H. zum Tanz wolle. Ich stellte folgende Theorie auf: Wenn Sie (so sagte ich) ältere Rechte haben, trete ich zurück. Ich dachte an Verlobung u. ä. Im anderen Falle muß Hannelore selbst entscheiden. »Ältere Rechte« hätte er nicht, gestand er. »Also wird Hannelore entscheiden« sagte ich. Ich hatte das Gefühl, daß ich unbedingt als Sieger aus diesem »Kampf« hervorgehen müsse. –

Birne mit Umlaut – Ich erwachte, blinzelte und sah die Zimmerlampe vor mir. Folgender Gedanke: »Warum gibt es nicht auch Birnen (elektrische) mit Umlaut.« Ich dachte vor allem an a-ä. »Warum so einfach?« – [HMA 1191]

[12]
26. 10. 47 Traum [*Traumprotokoll von Gerhard Bobzin*] – Ich befand mich in der Schule. Ich wußte, wir mußten zur nächsten Unterrichtsstunde ins Maltzaneum zum Chemieunterricht. Ich ging allein los. H. M. war auf dem Schulhof der Volksschule, die gerade Pause hatte. Gedanke: also hierhin ist er jetzt übergesiedelt, na ja, er ist ja nirgends befriedigt, nirgends seßhaft. Wie er sich jetzt fühlt inmitten der fremden, groben Volksschüler? Dann ging H. M., gut gekleidet, in die Schule, nach allen andern, allein, einsam. Ich beobachtete dich von der Denkmalstraße aus. – (Die andern Schüler könnten gewesen sein (Einfall): I. Klatt, Reimers, Juhnke, Ele[?] sind für mich unempfindsame Kerle gewesen).
Ich ging dann ins Maltzaneum. Wie ich in die Tür kam,

merkte ich, daß kein Unterricht sei, sondern eine Impfung sein werde. Betrug. Sehe Aufsichtspersonen am Eingang. Ich wollte mich drücken. Dachte an frühere Impfungen, deswegen hätte ich es ja nicht nötig. Habe [...?] stadt[...?] Bescheinigung. Sehe starke Arme die geimpft werden. Gehe mit heran. Drehe mich beim Impfen mehrere Male herum, ohne eigentlich Schmerz zu empfinden. Dann weiter hinein, ins Gebäude. Lokus. Dahin ziehts mich. Will pinkeln. Vollgekackt! Weicher, größerer Komplex. Warum nicht besetzt! Schwein! Ziehe an der Spülung. Aus –
Ich möchte ihr mit dem Schlüssel ins Maul fahren und aufreißen! [HMA 1191]

[13]
12. 11. 47 [*Traumprotokoll von Gerhard Bobzin*] – *»Im Angesicht des Todes«* – Meine Augen wurden schwer. Sie brannten und fielen schließlich zu. Eine Sekunde hatte ich Ruhe, tiefste, schwarze Ruhe. Dann fuhr ein Schlag auf mich ein: »Schlaf!« Durch meinen Körper schoß ein Strahl bis in die Fußspitzen; der Körper war steif. Die vorher gehörten Geräusche kamen aus der Ferne. Ich meinte, es wäre nun »aus«. Dann stellte sich leichte Atemnot ein, und sofort begann ein starker Widerstand in mir. Ich wandte meinen Kopf zur Seite und lächelte krampfhaft, hatte schon die Augen aufgerissen, wild nach Luft schnappend. Dann begann wieder der übliche Gang: Müdigkeit, Augenzufallen, Ruhegefühl usw. – [HMA 1191]

[14]
Visionen am 15. 11. 47 [*Notiz von Gerhard Bobzin*] – Es war sehr dunkel im Zimmer. Ich saß bequem in einem Lehnstuhl. H. M. stand vor mir, kaum zu erkennen vor Dunkelheit. Seine rechte Stirnhälfte leuchtete weiß auf. Und die Hände schienen weiß. Er kam mir vor wie ein Knochengerüst, das man bekleidet hatte, um das man locker einige Kleidungsstücke gehängt hatte. Das Knochengerüst ging klappernd weiter nach rechts an einen Tisch.
Es streckte die kalkigen Hände nach mir aus. Alles schien zu klappern an ihm. Grinsender Totenschädel. Dann ging er wieder an den alten Platz zurück. Nach der Bewegung war die Vision jedesmal viel eindrucksvoller, während sie bei längerem Verweilen an Ausgeprägtheit verlor. –
H. M. stand dicht neben mir. Mein Blick fiel auf seine Bauchgegend. Flammen loderten plötzlich aus der bezeichneten Gegend auf. Sie züngelten aufwärts, dem Kopfe zu. Mich durchzuckte der Gedanke, daß jetzt der Oberteil des Kopfes bald zusammenklappen müßte. – Gerhard Bobzin
[HMA 1191]

[15]
[*Notiz von Gerhard Bolzin*] – Mir [. . . ?] klare kalte Winterluft mit dem Glitzern/ Kristall / als ruhige, wärmende Sommertage, an denen man / nicht kann. [HMA 1191]

[16]
23. 6. 47. Traum [*Traumprotokoll von Gerhard Bobzin*]*:* Ich war auf dem Wege zu einem Hause, in dem Hunde menschenähnlich wohnten, wie man mir gesagt hatte (keine Per-

son). Sehr neugierig war ich auf eine solche Behausung. Der Weg führte über ebenes unbewachsenes Gelände zu dem alleinstehenden Hause, das äußerlich einen neuen und sauberen Eindruck machte. Mit großer Spannung betrat ich den Neubau. Von dem etwas quadratischen Flur gingen einige (etwa 4) Türen aus, alle frisch gestrichen und ohne Fenster, was mir merkwürdig vorkam. Ich klopfte gleich an die Tür, an der ich ein Namensschild vermißte, da ich gerne wissen wollte, wie diese Hundegesellschaft heißen könnte. Nur einen Briefschlitz und das Schild »Privat« sah ich. Auf mein Klopfen antwortete mir, wie erwartet, eine Hundestimme bellend. »Ob sie mich wohl freundlich empfangen werden?«, war die bange Frage. Ich wurde sehr herzlich begrüßt, fast wie ein alter Bekannter. Ein Ziel hatte ich zunächst gar nicht, nur die Neugierde trieb mich zu ihnen. 2 Hunde sah ich, die sich jedoch jetzt in alte, unansehnliche Frauen verwandelten. Die eine (keine bekannte Person) begrabschte mich nochmals sehr zärtlich, nachdem wir in ein großes recht vornehm eingerichtetes Zimmer gelangt waren. Dabei war mir das flauschige Barthaar dieser Madam sehr eklig. Überhaupt war ich von der Zärtlichkeit wenig erfreut, obgleich ich mich über den freundlichen Empfang freute. Dann bemerkte ich, daß eine wohlige Wärme im Zimmer herrschte, und rückte an den Ofen, um mich zu wärmen. Qualm war in dem Zimmer. Auf einem großen Teppich in der Mitte des Zimmers fehlte sichtlich ein großer rechteckiger Tisch. Ich nahm an, daß ihn wohl die Russen mitgenommen hätten. Dann äußerte ich mich über die mir zusagende Wohnung. Die eine der Frauen berichtete, sie hätten 2 Zimmer und eine große Küche. Dann sah ich ein Bücherregal (Erinnerung an Wilhelms Bücherregale). Dorthin ging ich sofort. Aber in dem zuerst entdeckten standen nur wenige umfangreiche Bände von Goethe meinen sehr ähnlich. An der anderen Seite des fast saalgroßen Zimmers sah ich jetzt ein volles Regal, das bis unter die Decke reichte. Ich sah alle Bücher genau an. Eine Broschüre erinnere ich noch, die christlich-religiösen Inhalts war. Der Autor behauptet, Jesus sei nicht in Palästina aufgewachsen und erzogen, sondern sei ein Indianerkind und bei ihnen erzogen. Ich war darüber nicht allzu sehr erstaunt, weil ich schon andere von der Tradition abweichende Hefte erinnerte. Ich entdeckte eine stattliche Reihe von Reclamheften, suchte aber vergeblich nach mich interessierenden dichterischen Werken. Auch die übrigen Bücher hatten alle wenig anziehenden, nicht näher bewußten Inhalt. Ich war enttäuscht und suchte verzweifelt nach vernünftigen Büchern. Ich hoffte nämlich insgeheim, einige Bücher erben zu können. Dann erschien die gutmütige Alte und fragte ob ich zusagende Bücher gefunden hätte. Ich könne nur einige mitnehmen. Eines holte ich dann heraus, ich meine es war Eichendorffs »Aus dem Leben eines Taugenichts« (las ich während der Gefangenschaft und war sehr beeindruckt von der harmlosen, leichten, sorglosen Atmosphäre des Buches. Es war außer dem »Werther« und Faust das einzige Buch, das mich tief beeindruckte.) Mit diesem Herausholen des Buches und dem Gedanken ob es wohl unverschämt sei, noch mehr Bücher herauszusuchen, schloß der Traum. – In dem Traum kam <u>keine</u> mir bekannte Person vor. –

[*Gestrichener Zusatz:*] Haus, aus dem er in Maurergesellenkleidung entweicht. Dann verhält er sich abwertend und sieht seine Zeit während der Revolutionsjahre für gekommen. [HMA 1191]

[17]
[*Traumnotiz von unbekannter Hand, mit handschriftlichem Zusatz von Heiner Müller: Sigmund Freud*]
Ich fuhr in einem Motorboot mit zwei männlichen Personen über ein Wasser. Einer hatte einmal Ähnlichkeit mit Zacharias, nämlich als er in einer engen Durchfahrt ans Ufer rief: Ja, die Jolle müßt ihr mir zurücklegen. Sie hat Ähnlichkeit mit meiner früheren. – Wir fuhren weiter bis – es muß [...?] gewesen sein. Ich stieg auf einen dort liegenden Dampfer und sah unten an der Bordwand Liddy in einem Paddelboot mit einem Mann sitzen. Als ich ihr zurief, sie solle zu mir kommen, lächelte sie und schüttelte den Kopf. Ich rief noch mehreremale, doch sie lächelte nur. Ich, erbost, sprang mit langen Hosen und Jackett ins Wasser. Ich tauchte unverschämt tief. Ich sprang in einen nur sehr schmalen Streifen Wasser. Ich tauchte immer tiefer, hopple mit einemmale und bemühe mich, nach vorn zu kommen. Es dauerte lange – es war äußerst tief. Von unten glaub ich sah ich irgend welche Konturen. Ich war oben. Ganz naß, doch meine Sachen waren nicht zerknittert. Als ich zum Schiff ging, war das Wasser nicht mehr da, in das ich hineingesprungen war – an der Stelle war alles mit kleinen Steinen zugeschüttet, sodaß es aussah als zöge sich ein heller Strich durch die dunklen Sandmassen. [HMA 1191]

Die folgenden Aufzeichnungen der Traumbuch-Sammlung sind nach Müllers Aufenthalt in Waren entstanden, entweder noch in Frankenberg oder schon in Berlin:

[18]
Traum (Mother)
Über Land Mohrrüben holen – Feldweg. Frau Lies, und Slepaar (bei ihr gewohnt). Dann Pilze oder Brombeeren suchen. Unbekanntes Gehöft. Dicht neben M. kleiner Pflaumenbaum: ganz unten 2 mittelgroße Pflaumen, sonst keine … Gedanke: darf nicht pflücken, da gefällt. Links ab auf überschwemmte. Slepaar links an Pfütze vorbei, Frau L. rechts. Frau L. »stürzt los«, M. ruft: Sie versinken – L läuft weiter – Wasser schlägt über ihr. Wieder Loch – S paddelt, wieder untergeht. M. und Slep. gehn hin. Slep. holt Leiche heraus. Tot, ganz weiß. Auf Wiese gelegt. Nach Hause – Eindruck: Fr. L. Selbstmord. Im Fenster des Gehöfts Dienstmädchen. War dann mit Fr. L. draußen, ging Feldweg weiter; die andern links ab zur Wiese – [HMA 7220]

[19]
21. 4. nachts – Im Bett liegend: spinnen<u>ähnliches</u> sehr großes Tier (aber Körper nicht wie Spinne, sondern viereckig) (aber mit Spinnenbeinen) kriecht von unten her über mich – – <u>hüpfend,</u> nicht kriechend! Vorher schwarze Masse, (noch größere) die sich von oben über mich wirft, Arme ausbreitend, dann Spinne (dünne viele Beine) läuft sehr schnell, weich über mein Gesicht. Danach beim Niederlegen prismenartiger vieleckiger fester Körper.

22. 4. – Die Darmentleerung Gedanke: Paepcke / Darm aufgeschlitzt – grell schöne Beine {schmal}, dann: Beine auseinandergerissen, so daß der Schoß weit aufklafft. Dunkle Masse darin.

R. Fehlleistung: schreibt statt coincident coincicident (!) Salbei als Räuchermittel –: Totenhafter Geruch – widerlich, grauviolett oder lila mit Beimengung von schwarz perverser Geruch. (Homosex. = violett oder lila mit schwarz ... auch manche Huren sehe ich unter diesem Aspekt z. B. Anit. Sal...bei.)
Salbei geraucht. Bewegungshemmende Übelkeit. Leises Grauen. Hände zittern. Körper schwer, kraftlos: ausgelaugt.

23. 4. – Fehlleistungen (schon seit Wochen) festgestellt. Versuch, das Ende eines in der Hand gehaltenen Fadens in eine von ihm gebildete Schlinge zu stecken ... ›Bei jeder Gelegenheit‹. Symbol –
{Die Schläfrigkeit, geschlossene Augen: Zwirnsfaden wird durch eine Nase gezogen (wie Ohrringe) – geht sehr schwer.}

24. 4. – In der Schule 5. Stunde: plötzlich wildes Verlangen nach Mord, Sadismus. Fast fiebernd. (Gedanke, Gritt [?] zu ermorden, zu ihr zu gehn, mit verbissenem finsterm Gesicht. Übermüdet? [HMA 1191]

Auf dem Blatt dieses Traumprotokolls hat Heiner Müller auch den Entwurf eines Briefs an seinen Vater niedergeschrieben, mit der Datumsangabe 15. Februar 1952. Seinen Vater, der sich 1951 kurz vor seiner Flucht nach Reutlingen in einem Krankenhaus in Berlin-Charlottenburg aufhielt, hatte er, aus Frankenberg kommend, wo er bei der Schwiegermutter wohnte, besucht. In Berlin hat er dann bei seinem Schulfreund Herbert Richter gewohnt.

Herbert Richter war ein Schulfreund aus Frankenberg. Er war sehr an allem interessiert, was mich damals interessierte, Psychoanalyse, alle möglichen Schulen der Psychologie. Er sah ein wenig wie Kafka aus, der gleiche Haaransatz, er hatte auch ein Kafkaproblem mit dem Vater. Sein Vater hatte entdeckt, daß er Angst vor Spinnen hatte, also hat er, um einen Mann aus ihm zu machen, ihn gezwungen, immer, wenn irgendwo eine Spinne zu sehen war, die anzufassen und aus dem Zimmer zu tragen. Mit dieser pädagogischen Maßnahme war sein Schicksal besiegelt. Sein Schicksal war die Psychiatrie. Er war dann ein sehr guter Psychiater, glaube ich. [...] In Berlin hat er zuerst in der Charité gearbeitet. Da erzählte er mir auch viele Geschichten aus seiner Praxis, die ich zum Teil verwendet habe. Zum Beispiel die Geschichte von einem Funktionär aus einem Ministerium – natürlich hat er keinen Namen gesagt –, der im Spanischen Bürgerkrieg auf der roten Seite gewesen war. Der kam dann mit seiner Funktion, mit seinem Amt in der DDR nicht zurecht. Er war als Patient in der Charité und sagte immer wieder: »Gebt mir ein Gewehr und zeigt mir einen Feind.« [ZITIERT IN: WOLOKOLAMSKER CHAUSSEE III. HMW 5. DIE STÜCKE 3, S. 218] Danach haben wir uns aus den Augen verloren.

[KRIEG OHNE SCHLACHT, S. 73 f.; HMW 9. EINE AUTOBIOGRAPHIE, S. 57]

B. K. Tragelehn vermutet, daß Heiner Müller seinen Berufswunsch, Psychoanalytiker zu werden, auf seinen Freund Herbert Richter »übertragen« habe. Daß Heiner Müller damals ernsthaft sich mit dem Gedanken trug, Psychoanalytiker zu werden, bestätigt auch seine Cousine in einem Gespräch mit Wolfgang Müller auf seiner »Spurensuche in Orte von Heiner Müllers Kindheit und Jugend von Eppendorf nach Bräunsdorf, über Waren an der Müritz nach Frankenberg«. Heiner

Müllers Beschäftigung mit Graphologie und Hypnose wird von der Cousine ausdrücklich beglaubigt wie auch sein Interesse an den Traumberichten anderer.

[Wolfgang Müller: Wie aus Reimund Heiner wurde. Heiner Müllers Bruder rekonstruiert Kindheit und Jugend des Dramatikers. Feature zum 70. Geburtstag von Heiner Müller am 9. Januar 1999; eine Gemeinschaftssendung des MDR mit dem RBB]

Jan-Christoph Hauschild beschreibt in seiner Biographie die »Szenen einer Ehe« in dieser Zeit: »In seiner Autobiographie bekennt Müller, daß der Umzug nach Berlin auch eine Flucht vor der Schwangerschaft *seiner Freundin gewesen sei.* Ich habe Schwangerschaft immer als Freiheitsberaubung betrachtet. [...] ich war in Berlin ohne Adresse und immer hin und her, sehr nomadisch, und versuchte, das einfach zu vergessen. [...] *Von den Veränderungen im Leben ihres Sohnes [Heirat mit Rosemarie Fritzsche am 31. August 1951 und Geburt der Tochter Regine am 25. Dezember] erfahren die Eltern Müllers in Reutlingen erst mit Verzögerung. In Berlin erreichen sie ihn nicht. Kurt Müller schreibt einen mit Vorwürfen gespickten Brief an die Adresse Herbert Richters, in dem er Heiner vorwirft, er habe seine Frau Rosemarie nicht unterstützt. Dessen Entschuldigung klingt glaubhaft, erklärt aber nicht sein Verschwinden:* Ich habe Rosi nicht unterstützt, weil ich, von ihrer Abreise aus Berlin bis 15. 12., kein Geld hatte (ein größerer Betrag wurde von Berlin nach Frankenberg und, wegen falscher Kontonummer, wieder zurück überwiesen, mit, wie üblich, großer Verzögerung – z. B. warte ich jetzt, am 15. 2., auf ein Honorar v. Dezember. Ich hatte zu tun, nicht zu verhungern. Das beschäftigt. *Er räumt ein, daß es für sein langes Schweigen keine Entschuldigung gebe, allenfalls* Erklärungen: Anfangs meine Schreibfaulheit, die

natürlich, in diesem Fall besonders, ihre besonderen Gründe hatte: ich hatte, zu lange, auf Deine Kosten gelebt, materiell, aber auch geistig. Als Du fortwarst, mußte ich erst einen (eigenen) Standpunkt suchen gehen, d. h. die mir gemäße Art, den Standpunkt zu wechseln. Erst wer allein trägt, lernt, was er tragen kann und wie dieses. Dieser (einmal doch notwendige) Schnitt ging um so mehr ins eigene Fleisch, als Du Dich vor mir nie auf das Podest des ›Vaters‹ gestellt hast. Daß ich ihn sehr gespürt habe, drückt mein Schweigen aus. Bitte, glaube nicht, ich hätte nicht darunter gelitten, daß ich nicht schrieb. Dann sehr deutlich im Dezember 50, sah ich das Ergebnis. Und nun hatte ich einfach Angst zu schreiben, weil ich nicht wußte wie. [...] Ich bitte Dich sehr, versuch lieber das, was ich getan bzw. unterlassen habe zu vergessen als mich.
Wie es bei uns weitergeht, *weiß Müller zu diesem Zeitpunkt noch nicht. Er werde, teilt er dem Vater im Brief vom 15. Februar 1952 weiter mit, wieder nach Berlin gehen, wo sich seine Aussichten auf eine Wohnung verbessert hätten. Bis dahin werde seine Frau, die sich für Chemnitz und Berlin beworben habe, in Leipzig bleiben.* Es wird alles nicht sehr leicht sein, aber was ist schon leicht; zusammen mit Rosi ist es jedenfalls halb so schwer. Verhungern werden wir nicht.
Es ist der letzte Brief, den die Eltern von ihrem Sohn erhalten.« [Hauschild, S. 97-99]

Ich habe keine Briefe geschrieben, nur in äußersten Fällen. Sie haben sich umgekehrt dauernd Sorgen gemacht, daß ich im Großstadtsumpf untergehe.

[Krieg ohne Schlacht, S. 70; HMW 9. Eine Autobiographie, S. 55]

Im Entwurf auf dem Blatt mit dem Traumprotokoll hat der Brief Heiner Müllers an seinen Vater die folgende Gestalt:

L. P.
Für mein Schweigen gibt es keine Entschuldigung / höchstens Erklärungen. / Anfangs meine Schreibfaulheit, die / natürlich, in diesem Fall besonders, ihre / besonderen Gründe hat: ich hatte auf Deine Kosten / gelebt; materiell, also auch geistig. / Als Du fortwarst, mußte ich einen / (eigenen) Standpunkt suchen gehen, d. h. die mir / gemäße Art den Standpunkt zu wechseln. / Erst der allein trägt, lernt was er tragen kann / und wie dieses. / Dieser einmal doch notwendige Schnitt / ging umso mehr ins eigne Fleisch als / Du Dich nie auf das Podest des »Vaters« gestellt / hast. / Daß ich ihn sehr gespürt habe, drückt mein / Schweigen aus. / Bitte, glaub' nicht, ich hätte nicht darunter / gelitten {mich wohl gefühlt dabei}, daß ich nicht schrieb, / Dann, sehr deutlich im Dezember sah / ich das Ergebnis: und hatte nun einfach / Angst zu schreiben, weil ich nicht wußte / wie. / Vielleicht findest Du, das sind Ausflüchte, Sophismen. / Ich versuche, ehrlich zu sein. Entschuldigungen / versucht man schließlich, immer bewußt od. unbewußt. / Versuche, bitte, es zu verstehn. Ich bin kein Zyniker. / Wäre ich es, würde mich kein / Mensch dafür halten.

Zu Deinem Brief vom 1. 12.
Ich habe Rosem. nicht unterstützt, weil ich, von ihrer / Abreise aus Berlin bis zum 15. 12. kein Geld hatte (ein / größerer Betrag wurde von Berlin nach Frankenberg und / wegen falscher Konton. wieder zurück überwiesen / mit, wie üblich, großer Verzögerung – z. B. warte / ich jetzt am 15. 2. auf ein

Honorar v. Dezember) / Ich hatte zu tun, nicht zu verhungern. Das beschäftigt. / Der Fall Hom. ist kein Fall mehr. // Zu dem Verdacht der Homosex.: es genügt wohl, / wenn ich nein sage. /

Oder doch noch eins: das Wesentliche an der H. / ist doch wohl, sie ist steril, auch künstlerisch. / Die Welt des Homos. ist zu sehr / Welt in der Welt, / nicht weltoffen, sondern geschlossen / zur Welt hin. / Der deutsche Tanz z. B. ist steril, stagniert / durch die Homosex. der meisten deutsch. Tänzer. / (Kreutzberg) Das wird deutlich beim / Vergleich mit d. russisch. Tanz. /

Es gibt keinen homosex. Komponisten: / Die Musik, als die reinste immateriellste / Kunst, ist zugleich die weltoffenste – / im doppelten Sinn: Sie ist unabhängig vom / Zufall der Sprache. / jeder kann alles »hineinlegen.«) / Was herauskommt, wenn der Homosex. an die Kunst kommt / ist, bestenfalls, Oscar Wilde. also Glanz (modischer / Glanz) Glätte ... Eine / Zeile Tolstoi (das Abendgebet des Soldaten / Gott, leg mich nieder wie einen / Stein und heb mich auf wie eine / Semmel ...) ein Bibelsatz löscht / den ganzen O. W. aus. Auch / Jünger, auch Spengler. Spengler, das / ist der Korpsstudent (also d. »sublim.« Homosex.) / in der Philosophie. Weltgeschichte als Geschichte / »schlagender Verbindungen«. Das ist zu geschlossen / zu rund zu eitel selbstgenügsam, zu eitel, um / wahr zu sein (lies ein Satz Spengler und dann / eine beliebige Bibelstelle) So sieht die Homosex. / aus, wenn sie geistig wird, Thomas Mann nannte beim Erscheinen des »Untergangs« Spengler: ein talentierter / Snob und Defaitist der Humanität. / Nietzsche ist ein anderer Fall: er war nicht selbstgenügsam / er war nicht eitel, er wurde wahnsinnig; das spricht / für ihn (für ihn heißt aber gegen seine Lehre) / aus dem noch eins ist viel geworden //

Versuch, bitte, lieber das zu vergessen, was ich getan / bzw. unterlassen habe anstatt mich. [HMA 1191]

Die Sequenz über Tolstoi – Spengler – Nietzsche aus diesem Briefentwurf wird mit Auslassungen als Bestandteil des Textes »Kennst Du Kleists Schrift: ›Über das Marionettentheater‹ ...«, bei dem es sich auch um einen Briefentwurf Heiner Müllers von 1951/1952 handelt, aus dem Nachlaß [HMA 1191] *in den SCHRIFTEN der Werkausgabe abgedruckt.* [HMW 8. SCHRIFTEN, S. 507]

Ich sitze auf einem Balkon in Sofia und warte auf meine Frau, gegenüber die Leuchtschrift einer Fabrik mit dem Namen eines Toten. [...] Zu meiner Frau, auf die ich seit vier Stunden warte, fällt mir kein Satz ein. Ich habe keine Sprache für die Liebe. Die Sprache der Vergewaltigten ist die Gewalt so wie der Diebstahl die Sprache der Armen der Mord die Sprache der Toten ist. Ich bin ein Kolonisierter, unter der grauweißen Clownsschminke (ist meine Haut) schwarz. Ich bin meinem Vater einen Brief schuldig, einen Neujahrsbrief. Ich habe angefangen ihn zu schreiben, zwischen zwei Ehen, an einem Neujahrsmorgen auf einem Balkon in Berlin, 3/4/5 Jahre nach dem Weggang meines Vaters aus dem Staat der seine Hoffnung und Enttäuschung war.
Drei Jahre lang habe ich angefangen und aufgehört, den Neujahrsbrief zu schreiben. Und wieder möchte ich aufhören und meine Stimme zurückziehn mein nacktes Gesicht zurücknehmen hinter das (geschlossne) Gitter Visier der Dichtung, in die Maschine des Dramas. Ich will nicht wissen wo ich herkomme wo ich hingehe wer ich bin, draußen findet die Wirklichkeit statt. Ob der Brief geschrieben wird

oder nicht geschrieben, er wird nicht mehr gelesen werden, der Adressat ist unbekannt verzogen: in den Tod. Wenn meine Frau kommt, werde ich ihr nicht sagen, daß ich auf sie gewartet habe DU BIST GEGANGEN DIE UHREN / SCHLAGEN MEIN HERZ / WANN KOMMST DU
mit Erinnerung an andre Wartezeiten, in Berlin Sostopol Sofia, Gedanken an andere Frauen auf die ich gewartet habe in andern Städten, vor Geilheit zitternd in A Deine Brüste die kein Reim erreicht heulend vor Selbstmitleid in G.
Maschine des Dramas, deren Sprache der Terror ist, der gegen mich ausgeübt wurde und wird und den ich wieder ausüben will und nur wieder ausüben kann in meiner Sprache die mir nicht gehört.
heulend vor Selbstmitleid GESTERN / HABE ICH ANGEFANGEN / DICH ZU TÖTEN MEIN HERZ / JETZT LIEBE ICH / DEINEN LEICHNAM / WENN ICH TOT BIN / WIRD MEIN STAUB NACH DIR SCHREIN

[1977. HMW 2. DIE PROSA, S. 167 f.]

NEUJAHRSBRIEF 1963

Ein Jahr ist zu Ende gegangen mit Lärm
Von Glocken und Feuerwerkskörpern Die Zeitung
Die gebracht werden wird in einer Stunde
In deiner Stadt dir mir in meiner Stadt
Von einer alten Frau mit älteren Füßen
Drei Söhne verloren aber noch keine Zeitung
DAS REICH NEUES DEUTSCHLAND RHEINISCHER MERKUR
Wird ein besseres Jahr anzeigen wie üblich
Und das Schwarze in deiner Zeitung du weißt es

Ist das Weiße in meiner Zeitung wir wissen es
Immer neu wächst Gras über die Grenze
Und das Gras muß ausgerissen werden
Immer neu das über die Grenze wächst
Und der Stacheldraht muß gepflanzt werden
Immer neu mit dem genagelten Stiefel
ICH BIN DER STIEFEL DER DEN STACHELDRAHT
  PFLANZT
Vor meinem Fenster auf einem Parkbaum
Allein wie ein Betrunkener gegen Morgen
Lärmt flügelschlagend eine ältere Krähe
Die Straßenreiniger ALL OUR YESTERDAYS
Haben ihre Arbeit aufgenommen
Manche Dinge kommen wieder und manche nicht
Das Herz ist ein geräumiger Friedhof
IM PARK DIE PAPPELN SCHWIRRN
WER HAUST IN MEINER STIRN

[1990 veröffentlicht. HMW 1. Die Gedichte, S. 169]

In seinem letzten Stück GERMANIA 3 GESPENSTER AM TOTEN MANN, geschrieben 1990-1995, hat Heiner Müller seinem Vater ein Denkmal gesetzt in der Szene PARTY, in der der Bürgermeister von Frankenberg auftritt – und auch dessen altkluger Sohn, ein spätes Selbstporträt des Dichters als junger Mann.

[Vgl. Party. Szene aus: Germania 3 Gespenster am toten Mann. HMW 5. Die Stücke 3, S. 288-296]

Jahre zuvor hat sich Heiner Müller einer weiteren Reminiszenz an den Vater verschrieben, in WOLOKOLAMSKER CHAUSSEE V: DER FINDLING, was explizit aus den Typoskripten zur Entstehung dieses 1987 nach kleistschen Motiven geschrie-

benen Textes zu ersehen ist: »Mehrfach tauchen in Müllers Notizen das Vater-Motiv sowie der Topos der Identität und des Identitätswechsels auf. So notierte Müller u. a. die aus DER VATER *bekannte Sequenz ›Ein toter V[ater] ist ein guter V. / am besten ist ein totgeb[orener] V.‹ [S. 85] In bezug auf den phantasierten Identitätswechsel des Sohns in eine Tochter (›Ich / Will eine Tochter sein / D[ie] Welt der Tochter als Ausweg Notausgang Utopie‹) benannte Müller wiederholt das Stichwort ›Nebenzimmer‹, um es zugleich als Ort der Hoffnung und Alternative zu konnotieren: ›Topos Nebenzimmer / place of hope woman mother alternative / future (without diversion division East / West) / [...] (woman = underground) – Ich / will eine Tochter sein (Irritation of B. (‹father›) / nach Irritation (daughter) of / father agression of son with / (possible) SS (killing real) father (Archiv).‹«* [HMW 9. EINE AUTOBIOGRAPHIE. KOMMENTAR, S. 343] *»In einem anderen Typoskript steht zudem anstelle von ›Hab ich darum gebeten dass du anrufst‹ die Sequenz ›Ich hab dich nicht gebeten, daß du anrufst / Red was du willst Die Mauer ist der Schutzwall / Gefangen sind wir alle wenn du das meinst / In unserm Frieden zwischen Krieg und Krieg / Und wenn es dir nicht paßt Weißt du was bessres / Also Dann ruf ich jetzt mal an Den Kopf / Wird es nicht kosten / Deinen nicht / Er nahm den Hörer auf und ließ ihn fallen / Ich sah ihn reden und hörte kein Wort / Ich wußte nicht war ich taub oder er stumm / Die Mauer zwischen uns sein oder mein Tod / ich will mein Vater sein / Was redest du / Ich war mein Vater / Ein Gespenst mit Stiefeln / Etwas in Uniform das trat und schlug / Dann schlossen sich die Gräber über mir / ich fand die Sprache wieder Blut im Mund‹ (Archiv)«* [HMW 9. EINE AUTOBIOGRAPHIE. KOMMENTAR, S. 342 f.]

In Erinnerung an den Tod seines Vaters 1977 entstand nach 1994 der autobiographische Text »Im Herbst 197.. starb mein Vater«, aus dem bereits zitiert wurde:

Im Herbst 197.. starb mein Vater. Ich kam zu spät, um ihn sterben zu sehn. Er starb in Baden-Württemberg, ich lebte in OstBerlin seit seiner Flucht. [...] Meine Erinnerung an das Begräbnis selbst ist ein schwarzes Loch, als hätte sich ein Grab über mir geschlossen.
Heute weiß ich: was mit ihm begraben wurde, war das Gespenst meiner Kindheit, mit meinen schreckgeweiteten Augen, dem vom Weinen verzogenen Mund, dem gefrorenen Salz meiner Tränen. Mein Vater hatte von mir geträumt, als er im Lager war, einer winzigen Gestalt auf einem Berghang, eine zu schwere Last auf zu schmalem Rücken; so wie ich von ihm geträumt hatte und im Traum nicht verstand, daß er nicht über den Lagerzaun sprang. Mit den drei Händen Erde, die ich auf seinen Sarg warf, nach dem barbarischen Brauch, der dazu dienen soll, die Toten niederzuhalten und den Skandal der Auferstehung abzuwenden, der das Ende unsrer Welt bedeuten würde, habe ich meine Last abgeworfen. (Manchmal denke ich, daß er sie durch das Reich der Toten trägt, einen Katalog aus Freuden und Schmerzen für die Archive der Ewigkeit, die nicht geöffnet werden vor dem Jüngsten Tag.) Seitdem ist meine Kindheit nur noch Erinnerung: an Erdbeeren, die eine katholische Schwester uns ans Bett brachte, meiner Mutter, meinem Vater und mir, als wir krank waren: das Privileg der Krankheit; an meinen ersten Gang auf den Friedhof in E. mit meiner Großmutter, mein Erschrecken vor dem Kriegerdenkmal, das plötzlich über dem Buschwerk auftauchte, eine riesige trauernde Mutter aus blaß rotem Porphyr; an Lieder; die mein Vater mir

vorsang, bevor ich sie begreifen konnte: WARUM WEINST DU ARME SEELE / VOR DER HIMMLISCHEN TÜR; damals liebte er den Kitsch der Operetten, mein Weinen über die Ballade von den Königskindern, bis mein Vater einen neuen Schluß erfand, der meine Tränen trocknete; an die Verhaftung meines Vaters im Morgengrauen, die Männer in den Uniformen der SA, größer als er, die ihn schlugen, ich sah es durch das Schlüsselloch der Tür zu meinem Zimmer und stellte mich schlafend, als er sich von mir verabschieden wollte, die Schritte auf dem Kies vor der Haustür, die sich entfernten, die Stille im leeren Haus, bis meine Mutter zurückkam, ihr Gesicht leer, ohne Tränen; an den Besuch im Konzentrationslager auf dem flachen Bergkegel, weit genug von der nächsten Ortschaft, kein Wegschild zeigte die Richtung, auf der Höhe kein Baum, das Gespräch mit meinem Vater durch das Drahtgitter des Lagertors, das runde rosige Gesicht des Postens; die Gesichter meiner Spielkameraden, Kälte und Neugier, als sie mir die Mitteilung machten, daß sie nicht mehr mit mir spielen durften; an das Treffen nach seiner Entlassung aus dem Lager auf der Landstraße vor dem Dorf, das er nicht mehr betreten durfte, Schnee fiel, meine Mutter hatte ihm einen Mantel gebracht, seine fahrigen Gesten, als er den Mantel anzog, sein Zögern, bevor er von uns wegging, gebückt unter dem Mantel, wir winkten ihm nach, bis er ein Punkt im Schneetreiben war; an das Jahr in dem kleinen Haus in B., zu klein für drei Familien, das den Eltern meines Vaters gehörte; mit dem taubstummen Onkel, der auf Bestellung für die Bauern des Dorfes Sonnenuntergänge malte, Alpenlandschaften, trinkende Mönche und Schiffe auf hoher See; mit der Cousine, die mein Spielzeug hinter dem Rücken zerbrach, auf dem runden Gesicht ein strahlendes Lächeln; mit der andern spielte ich auf dem Dachboden Mann und Frau; die Wärme in ihrem Schoß; mit der niedrigen Schlafkammer unter dem Dach, wo mich die Erkenntnis anfiel, daß ich sterben würde irgendwann, und irgendwann war so fern und nah wie die Nacht vor dem Fenster, ich dachte nicht: auch, ich wußte, ohne es zu denken: jeder stirbt seinen Tod, das einzige Eigentum; (Jahrzehnte später las ich Lenins Replik auf Klagen um Opfer des Terrors: immer stirbt nur einer)

[NACH 1992. HMW 2. DIE PROSA, S. 177 ff.]

Die Erinnerung fällt Dir nicht leicht.

So etwas entsteht sicher aus einem Überdruck an Erfahrung, Erfahrungen, die so schockhaft sind, daß man sie nicht ohne Störungen verarbeiten kann. Also entwickelt man Verdrängungsapparate. Es ist schon so, nach der ersten Trennung von meinem Vater war er in gewisser Weise für mich ein Untoter, als er aus dem KZ zurückkam.

[KRIEG OHNE SCHLACHT, S. 73; HMW 9. EINE AUTOBIOGRAPHIE, S. 56]

ÖDIPUS

Tot der. Wer wollte nun noch, Weib, noch einmal
Den wahrsagenden Stein befragen, oder
Die oben schrein die Vögel? Deren Wort nach
Ich töten sollte meinen Vater, der
Gestorben schläft unter der Erd, hier aber
Bin ich, und rein ist meine Lanze. Wenn er anders
Im Traume nicht umkam von mir. So mag er
Gestorben sein, von mir. Zugleich nahm er auch
Die heutigen Sehersprüche mit und liegt nun
Im Hades, Polybos, nicht weiter gültig.

[HMW 6. DIE STÜCKE 4, S. 36 f.]

DER VATER

1

Ein toter Vater wäre vielleicht
Ein besserer Vater gewesen. Am besten
Ist ein totgeborener Vater.
Immer neu wächst Gras über die Grenze.
Das Gras muß ausgerissen werden
Wieder und wieder das über die Grenze wächst.

2

Ich wünschte mein Vater wäre ein Hai gewesen
Der vierzig Walfänger zerissen hätte
(Und ich hätte schwimmen gelernt in ihrem Blut)
Meine Mutter ein Blauwal mein Name Lautréamont
Gestorben in Paris
1871 unbekannt

[HMW 1. DIE GEDICHTE, S. 41]

SEHSTÖRUNG

für H. J. Schlieker

Mein Freund der Maler sagt mir Daß ich male
Ist weil ich nicht mehr sehn will Hoch die Blindheit
Mit meinen Augen ists daß ich bezahle
Für jeden Blick Mein Tod war meine Kindheit
Das dunkle Zimmer Licht unter der Tür
Warten daß es hereinbricht weißer Schrecken
Wie soll ich meine Nacht vor Tag verstecken
Pflicht ist der Tod das Leben ist die Kür

Laß Helle mich in meinem Schatten wohnen
Ichlos in meinen pathogenen Zonen
[7. 7. 1994. HMW 1. DIE GEDICHTE, S. 278]

SELBSTKRITIK
Meine Herausgeber wühlen in alten Texten
Manchmal wenn ich sie lese überläuft es mich kalt Das
Habe ich geschrieben IM BESITZ DER WAHRHEIT
Sechzig Jahre vor meinem mutmaßlichen Tod
Auf dem Bildschirm sehe ich meine Landsleute
Mit Händen und Füßen abstimmen gegen die Wahrheit
Die vor vierzig Jahren mein Besitz war
Welches Grab schützt mich vor meiner Jugend
[PARAGRAPH 2 VON FERNSEHEN. HMW 1. DIE GEDICHTE, S. 232]

Traumprotokolle

[1]
Ich lag/liege im Bett mit ihr / (sie war ein Mann) / Im Neben/Hinterbett hör ich eine / (meine) {was ist das} Frau atmen / Ich richte mich auf an Bettrand / Ich will einen kleinen / Schnitt machen in mein Glied / (woher das Messer) / Das Messer ist andere (besseres?) / – Meinung der Schnitt ist/reicht tief / In meinem/über mein Blut renne ich / In das so called toilet – / (Bewegung) / mit welcher wahnwitzigen Hoffnung [HMA 3719]

[2]
Dream (9. 1. (?) – black pullover / bare breasts under it / the trial by son of unknown mother / (cutting my hand mit Taschenmesser) / Schmerz G. F. beim Aufwachen –

[HMA 3741 – AUF DER RÜCKSEITE: BRIEF HEINER MÜLLERS AN MINISTERRAT DER DDR, MINISTER FÜR KULTUR, GENOSSEN H. J. HOFFMANN VOM 6. 9. 1978]

[3]
Dream 24. 12. – infantile festdicke (runde) / Negerin {on back in bed} my swollen / (gigantic) dick, Spitze / (Eichel) vor dem Mund des / Mädchens purpurrot – / als sie hinausgeht / (Toilette) Entdeckung: / Hoden hängen, abgetrennt, / nur mit Bindfaden ver- / schnürt gehalten, überm / Knie – / Negerin lacht, kommt / mit Nähzeug. Ich denke / Blutvergiftung. [HMA 4028]

[4]
Traum 7. 9. – Die gehende (aufrechtgehende) Wurst aus North / Carolina. / (aber gewunden: {Olden- 

burg} / mit Fahrzeuggeschwindigkeit: Bespritzt Mann / (Esser?) am Straßenrand mit Fett – / (»speichelt ihn ein«) um ihn zum Essen / anzureizen (um ihn zu essen?) / flying sausage / Der Fliegende Hamburger / Frankfurter

[HMA 5327]

Die Amerikaner haben keine geschichtlichen Bindungen, keine Traditionen, keine Toten, die sie befreien müssen. Deshalb suchen sie das Heil in der Zukunft und sehen andauernd UFOs. Die Attraktivität des Hamburgers ergibt sich aus seiner Analogie zum UFO. Er ist völlig steril, von allen Beziehungen zum Tod, zur Vergangenheit gereinigt. Er ist eßbare Zukunft. Als ich in Texas war, träumte ich von einer »flying sausage«, von einer fettriefenden, fliegenden McDonald's-Wurst. In ungenießbares Weißbrot gehüllt. Ich fuhr fünfhundert Kilometer geradeaus auf einem Highway, und über mir flog dieses Riesenwurst-UFO. Das ist ein Bild des realen amerikanischen Alptraums. Dagegen hat Europa nur eine Chance, wenn es seine Schwerkraft, seine Geschichte, zum Schweben bringt. Wenn die Friedhöfe nicht an den Rand der Städte gepflanzt werden, sondern über den Städten kreisen. Schwebende Friedhöfe. Das wäre die Erfüllung eines uralten Traums der Menschheit, daß der Himmel zum Ort der Toten wird. Dagegen verblaßt die mexikanische Variante, die Knochen der Vorfahren zu Hause im Schuhkarton aufzubewahren.

[Die Reflexion ist am Ende, die Zukunft gehört der Kunst. Heiner Müller und Frank M. Raddatz. Berlin, April 1991. HMW 12. Gespräche 3, S. 10f.]

[5]

Dream 19. 1. (80) – KZ Einlieferung (gespielt, / ich in Rolle v. Häftling, / weibl. Posten, schlägt / »fiktiv« mit Gummi- /

knüppel (Peitsche) ✗ / in mein Gesicht (in die Luft). // Warten vor Eingang (schmaler / Dreckweg) auf Besuch v. Nr. 1 (H) / Landstr. Der schwarze Radfahrer / vor uns, Fahrrad mit extrem / großen (hohen) Rädern, in den / Kurven liegt der Radf.  / nahezu horizontal auf d. Fahrrad. // Die mexikanischen Kulturhalle / Schwimmbad, junge Männer / springen v. Sprungbrett in voller Kleidung / (Jeans), draußen Winter – / offene Landscape (Feuerwehr / in Katastrophen- / einsatz / (welche Katastrophen?) / Bäume – entlaubt? [HMA 5327]

[6]
Dream 5/6. 6. 80 – In Italien. Späte Ankunft (late at night). / Übernachtung in Spoleto (? bei/with I. L.?) / nicht possible, stattdessen an unbekanntem / Ort (1 Bett für 3 Mann, B. B. + / Junge. I caressing the boy. // Der (schwarz-amerikanische) »Soldatenfriedhof / in diluvialem Sumpf // Die Straße/(castle) der Frauen [HMA 7206]

[7]
Traum 12. 6. 80 – jemand, in Auto, gibt mir leere / Tablettenhülse  / als »Rest« v. gerade / gestorbener (Groß)-mutter / ich nehme sie, »handwarm«
[HMA 5327]

[8]
Dream »Kinderfest« – sitting outside house in garden, tv. / two kids, then crowd of kids – / machen Feuer. nun, vor tv-Gerät / verbrennen es – / Jagd (Flucht vor) auf 2 Kinder(n) / im (dunklen) Garten / Kind mit Stock / Kind mit Waffe (Stein?) an langer Leine // Frau, vor anderm Haus, in rosa / underwear, BH unter Hemd sichtbar, / mächtiger

Brustkasten – / hat Jugendliche trainiert, auf Beton- / platz neben, unter, Brücke in Wiese // mit Ginka in anderes Haus / Frau die ich suche nicht zu finden (nur eine ältere Verwandte) / plötzlich ist sie da, aus oberen Räumen / will sie + G. einander vor- / stellen, habe Vorname vergessen. / G. wendet sich weg, geht in großes / Zimmer setzt sich, allein, an großen / Tisch. Frau ohne Vornamen {Rotraut + Christine} sehr aufgeräumt / ich verteidige (erkläre) G. – will mit X / schlafen / suche Badezimmer {oben}, finde nur WC. / pisse meine Hose naß (»gute« Hose) / gehe, an die Flecke auf d. Hose denkend, / in großes Zimmer, jetzt voll besetzt, / + ein Saal geword̄n, in dem Vorlesung / stattfindet, (finde G. nicht, nur Tragelehn / der sie nicht gesehn hat, nur weggehn [HMA 5327]

[9]
Gesicht – Wut of father {cold + angry} / Wohnung voll Hundescheiße – / Nachbarin – Friseuse / sie nannte mich meine kleine Statue / + bestand darauf {auch} während des Beischlafs ihren B[üsten]halter / anzubehalten ich war an ihren Brüsten nicht / interessiert – wunderte sich, daß ich beim / Orgasmus nicht schrie wie ihr geschiedener Mann / der im gleichen Haus wohnte – (eine Tür weiter) / wurde schwanger + mußte ihren Pelzmantel verkaufen / um die Abtreibung {den Abort Eingriff} zu bezahlen – / Treppensturz {mit meinem Nachfolger, der sie später geheiratet hat} – ich hörte es nicht ohne Befriedigung/Freude [HMA 5327]

[10]
Dream – Salon in Moskau / {Petrograder / Konferenz / in DDRstadt} / Drums + trumpets: Er – / Die Präsidentin, neben mir, halb liegend, / berührt meine, nackte, Schulter / (nachdem ich mich vorgestellt habe: [*3 Wörter auf russisch?*]

{Präsidentin: so zwingen / wir halbes / Land (?) / (country) / in unsere / Gemein- / schaft} | Was wollen Sie | wollen Sie etwas | 1 Schreibmaschine / 1 Auto – Ich: Schreibmasch. + Reise next / year . Taschkent Sibir. [HMA 5327]

[11]
Dream 8./9. 1. 81 – somewhere in suburbs (neu- /bauwüste) / junge Männer + Mädchen./ Eine sagt über mich: der ist / was für die Nacht, / Ich sehe sie (oder eine / andre) in ihrer (?) Wohnung – / fickend mit Bruno. Beide unzu- / frieden miteinander – it's my turn. / without emotion – just sex. {Ununterscheidbarkeit von Nacktheit / (Körper) + Bekleidung (dunkel –) / nicht mehr beachtet als Hunde} Mit- / bewohner, ohne besonders her- / zusehn, anwesend. Wir ziehn uns / in ein (ihr?) Zimmer zurück, wo / nur ein Kind anwesend – ficken / weiter, ohne Orgasm. [HMA 5327]

[12]
Traum 20. 2. – amerikan. youth-meeting / ich (als mein Stellvertreter) mit young {mit einem} man (Thema assfucking) / during concert sehe ich Theke abseits / gehe, altes Wirtspaar, bestelle 1. Kaffee / + (Hamburger), Wiener? sehe Zigarrn / gehe zurück {Geld holen?}, komme wieder an Theke, mit jg. Frau, / diesmal Tee + Scotch (m. Eis), Frau / lehnt Whisky ab, trinkt Kaffee / Wirtsfrau fertigt für mich Handtasche / (z. Mitnehmen (f Mutter oder Frau ?) / Wagen (Marketender) der Wirtsfrau, sie repa- / riert etwas an der Tasche – /
next image: Bild schwindelhoch oben an einer / riesigen Außenwand – Fenster (m. Gardine) / daneben – ich balanciere außen am Fenster – / hangle mich auf Bett zurück, Springen beim / 2. Mal – /
next innen: house of mother – mother unfindable / als sie

kommt, beachtet sie mich nicht / (ist verändert: hart grauschlank) / spricht mit andern (Frauen) / ich nach oben – Kind(er) / ein Kind mit Puddingrücken / (gelbe Gelatine) / kriecht auf mich, mit Liebe, / (andres in Entfernung) / next image: my brother in korrekt / grauem Anzug, kühl sachlich, / auf Sprung zur Arbeit, sehe / Zettel (Manuskr. Entwurf) mit / seiner (veränderten) Schrift, die / similar to my fathers (aber / Bleistift) [HMA 5327]

Als Reminiszenz der Mutterimago im vorstehenden Traum läßt sich Heiner Müllers Betrachtung über seine Mutter verstehen, die er anstellt in der Sendung »Heiner Müller im Zeitenflug« von Alexander Kluge (aufgenommen im Oktober 1995), in der über die Aktualität von Ovids »Metamorphosen« reflektiert wurde. Müller betrachtet mit Alexander Kluge ein Jugendfoto, das ihn in Seppelhosen mit bayerischen Hosenträgern und seine auch noch sehr junge Mutter zeigt. Müller empfindet die Mutter im Blick »sehr autoritär«:

Es war natürlich auch ihre Angst vor dem Fotografieren, daraus kommt die Starrheit und der Blick in dieser Haltung. Aber anders auch. Eine Macht ist drin. [...] Ich habe zufällig, kurz bevor sie starb, von ihr geträumt. Sie ist vor einem halben Jahr gestorben, und das war ein merkwürdiger Traum, auch ein ganz schrecklicher. Allerdings wußte ich nicht, daß sie das ist. Ich habe geträumt, daß eine alte Frau mit weißen Haaren auf mich zukommt, und zwar als Furie. Und als ich aufwachte, wußte ich, das war meine Mutter.

[HEINER MÜLLER IM ZEITENFLUG. ALEXANDER KLUGE UND HEINER MÜLLER. BERLIN, OKTOBER 1995. HMW 12. GESPRÄCHE 3, S. 828]

Vielleicht aber bezieht Heiner Müller sich auch auf diese Traumvorstellung von der Mutter:

Dream – meine Mutter die alte Erinnye / mit dem Feuerhaken (glühend) Furie / lachend / in meine Schulter {die einen glühenden Feuerhaken / lachend in meine Schulter schlägt / (Du bist mein Sohn)} [HMA 4476]

[*Traumnotiz*] – zu meiner Mutter habe ich nur in (meinen) / Träumen {träumend} eine Beziehung – (mein Vater / kommt darin nicht vor) // seine Stehkragenschrift // ihr Blick beim Abschied auf d. Flughafen Tempelhof [HMA 5327]

[13]
Wir befanden uns in einer Vorstadt: die gewohnte / Landschaft {Wüste} aus Bauschutt Abraum + Betonresten + / Anfangen verwesendem/verfaultem Beginn {beginnender} / Verwesung. Gestern und morgen geflochten an d. Rad v. heute / v. Heute gerädert – /
Eine streunende Herde v. Wüstenbewohnern – / der übliche Lichtblick: / eine Frau, {schwarze Büschel/Strähnen / über hohlen hungrigen / Augen in einem / knochigen / hohlen / Gesicht} Ich hörte sie – mit einem kalt interessierten / Blick auf mich, zu einer andern sagen: (der ist) gut / etwas für eine/die Nacht, geiles Glücksgefühl: {Ich »lebe auf«} der Hund riecht / einen Knochen – (wieviel Selbsthaß ist in meinen Texten) / den hasse ich nicht. // zwischen Fußball und der »Schnittmusterbogen« //
wir ficken wie die Hunde – die andern in der Wohnung / gehen ihren Beschäftigungen nach: Essen / Biertrinken Fernsehen gelegentlich ein uninter- / ressierter Kommentar zu unsrer Veranstaltung/Aufführung. // – die kalt erschrocknen

Kinderaugen im Nebenbett / fick mich stoß mich. – Lange nicht richtig gefickt worden usw. [HMA 5327]

[14]
Dream 10/11. 10. – Im Flur die Frau auf dem Tischchen / Ich ziehe ihr die (grauseidne) Strumpfhose / aus Blick zur Tür, wann kommt ihr / Mann nach Hause. Sie verläßt die von / mir ersehnte Position (auf dem Tischchen) / geht durch ein Zimmer, in dem ich, / ihr folgend, nichts wahrnehme, mein / Schwanz steht aus der Hose, in ein Zimmer / mit Bett, dort liegt sie, schwarz(dunkelbraun) / haarig (im Flur war sie vielleicht / blond, ich kann mich an die Haarfarbe / nicht erinnern). – Als ich mich zu ihr / legen will, in die mir langweilige Position, / kommt aus dem Zimmer, das ich nicht / wahrgenommen habe, ihr kleiner / Sohn, neben ihm ein größerer Junge / mit leerem Gesicht, von dem eine kalte / Drohung ausgeht | Schnitt auf ein Fahrzeug / (Bahnabteil?) neben mir: K. Th, / ich küsse sie, ihre Lippen vibrieren / zart gegen meine. Die letzte Erinnerung mein Wunsch, / daß sie meinen Schwanz berührt. [HMA 5328]

[15]
Ich weiß nicht, wie der Besucher / den ich nicht kannte/ kenne, in / unsre Wohnung gekommen / war/ist. Jedenfalls saß/sitzt er / am Tisch, mir schräg / gegenüber, + redete un- / aufhörlich {ohne Pause} – ein un- / förmiger {Mann in mittlern Alter} mit wilder / Frisur + alten Bart – / stoppeln – silbernen [HMA 5329]

[16]
Aufwachen in / Ich wache auf in einer unbekannten Landschaft / (mein Gedächtnis ist ausgelöscht). Vielleicht / bin

ich gerade geboren / mein Geburtsort.. / Ort/Schauplatz meiner Geburt od. m. Todes / von einer Mutter keine Spur [HMA 5330]

[17]
Traum: Wismut-Lager – in Tennessee (?), ich / strafhalber bereit, aber / nicht verpflichtet. Rück- / sicht auf Vater, der nichts / dagegen hat + tut (tun kann?) / Gedanken, an mein Herz / mögliche Schlägereien – / u. a. / Büro Reise- / vorbereitungen // FM an Haltestelle vor / Gasthaus // Frage: warum gehst du (v. Marg.) / Jetzt frage ich mich das auch / erwäge d. Weigerung // Unterwegs zum Flughafen / Abreise / das Jahrhundert der Lager / Tanks + Lager / »Männerwanderung« [HMA 5356]

[18]
Traum 19./20. 12. (82) – Publikum in Theater-Foyer mich z. T. kennend dann aus dem Theater (mein Stück?) kommend – einer läßt sich Feuer geben (ich rauche kleine/kurze flache Zigaretten mit weißem Filter) /
auf dem Platz ist ein Zelt aufgebaut in dem später eine Grübervorstellung stattfinden soll (unbekannter Text) eine Reihe Tische + Stühle am Straßenrand, gegenüber Hotel (?) – / Erleichterung, daß der Platz hier, nicht gegenüber unserer (Gs?) – Wohnung, Gespräch zwischen einem Bekannten + dem, der sich von mir Feuer geben ließ – dieser liest jetzt Zeitung, kommentiert Ereignisse in Italien, Erschießungen offenbar von Soldaten, wir alle amüsieren uns drüber (schon wieder 4, nein, 8 –) /
am einen Ende der Tisch-Stuhlreihe bauen sich immer wieder die Schauspieler auf, wie auf einem Sockel, aber da ist kein Sockel, jedenfalls stehen sie erhöht, muß zu ihnen auf-

schaun, wenn man ihre Gesichter sehn will. Ich stoße, weil ich mit gesenktem Kopf gehe, auch die Karusseit an. Sehe Mickel als Schauspieler über die Straße kommen – merkwürdige Kopfbedeckung wie ein Dreispitz aus gelbem Glas (Plastik?) – aber z. Teil vor dem Gesicht –  übrigens ist M. überlebensgroß /

:Gang in ein großes Haus mit breitem Treppenaufgang, weiten Fluren – In einem Zimmer mit Grüber – Ich liege halb auf einer Couch, eine Frau auf der andern daneben – Grüber sitzt an der Wand in Sessel, / Ich frage ihn nach E. Hammer Misanthrop. Er sagt etwas über die Lage, die schwieriger wird, zeigt lächelnd auf seinen Schlips. Jemand drängt zum Aufbruch – Beginn der Vorstellung, sonst wird das Zelt »dichtgemacht« – Aufbruch, / Ich muß zurück, habe meine Jacke vergessen + d. Schuhe, wie in m. Träumen üblich. Zurück im Zimmer finde ich meine Jacke erst nach langem kopflosen Suchen. Laufe hinaus, statt Schuhe zwei alte Filzpantoffeln an den Füßen, mir zu weit, einer ist kaputt / vorn hängt das Futter heraus – ich muß ihn beim Laufen schlurfend nachziehn. Frauen vor dem Haus die mit Gegenständen nach mir werfen. Querüberfeld eine lange dünne Frau (Emine) – sie sagt mir sie weiß es jetzt (den Sinn, die Lösung von irgend etwas, das nur sie im Kopf hat). Ich sage, ich will ihre Brüste sehn. Sie: iß (?) meine blutigen Brustwarzen. Angst die Vorstellung zu verpassen. Auf dem Dach eines stumpfgrünen sehr alten Busses, in einem rußigen Stadtviertel hält er. Eine alte Frau weiß nicht, ob sie aussteigen muß. Ich schiebe eine schmutzige Gardine von kleinem Fenster, sehe + zeige ihr das Stadtviertel, ein Menschenhaufen, den ich zuerst für eine Brücke halte. Dann allein auf dem Dach. Daneben ebenfalls haltend, eine Pferdedroschke. Ich trete zur/auf die Seite. Der Bus kippt langsam um. Der

Fahrer schimpft nicht. Unten im Bus sehe ich jetzt einen Mann mit etwas riesigem Grünem (wie Salatblatt) auf einem hellen Verkaufstisch. Auftritt der goldenen Alliierten – Ein goldener Russe führt, hinter ihm gehend, einen goldenen Westalliierten (Amerikaner or Brite) / zum Pinkeln hinter einem Eisengittertor – am Schluß geht ein goldener Zwerg mit zwei bärtigen Köpfen, einer davon ist Hindenburg, andrer wie Blücher. Außerhalb des Gittertors, am Zaun, pissen wir andern – mein Schwanz ist groß, ein Junge sieht ihn an, ich trete in Scheiße – helle + dunkle Haufen – Fladen, versuche sie im Sand vom Schuh zu streifen. Sage: Scheint/ muß eine sehr beliebte Gegend (zu) sein – //
Der 12jährige, der heimlich meine Notizzettel / einsteckt – Arm umdrehn er ist stark / – Papierkleider Kleider mit Papiersaum / (next dream gibt Motiv) / weil die andern Jungen ihm immer die Mädchen wegschnappen [HMA 7208]

[19]
Traum 16/17. 1. – Hotel – falscher Fahrstuhl – / Gehäuse zerfällt bis stop / ich springe heraus / kleines Mädchen / kommt nicht mit zum Taxi / (das ich dann nicht kriege) // Garten mit DM (Kölner Rundfunk / perdu) / ich betrunken laufe ihm nach / verspreche lallend ihm zu helfen / zurück falscher Weg / (im Garten Marg.) / vorher Zigarettenschachtelteil mit / Ich l[iebe] dich, M. [HMA 7210]

[20]
Dream 25. 1. – Schule – Arbeit (mit anderen?) / mit Studenten – / Fahrstuhl | Flur – / Krankenhausflur / Marg. mit unbekannter / Frau – krank (Herz) [HMA 7212]

[21]
Traum 30.1./31.1. – Buchhandlung + 3 Buch- / händler, einer jung, bekannt / ich mit nacktem Ober- / körper, im Nebenraum / (Ramsch-Antiquariat) / schließlich Mantel // R. Wilson Filmvorführung / wir (X EL?) + ich / Margit / kommen zu spät // Die riesige Spinne

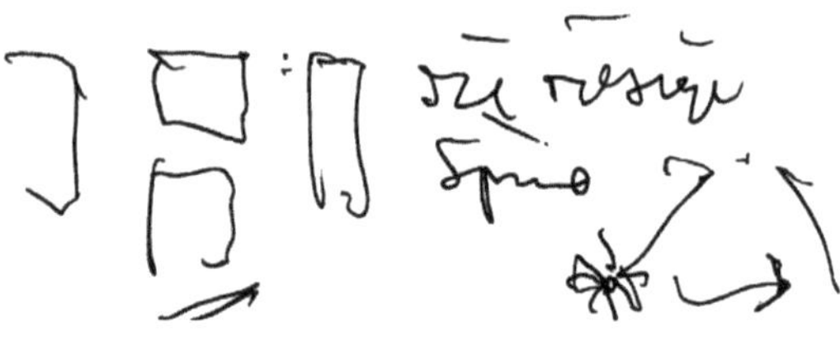

// Gebäude mit vielen/mehreren / Stockwerken, nach / außen offen – / ich oben mit / Traumfrau (EL?) / erigiert, komm / zu mir – / Freunde kommen – »später« / (Unterhose heruntergezogen / Mann betrachtet m. Steifen) / Ernst Busch Ersatz (Rollstuhl) // auf Weg zur Buchhandlung / zurück / K bringt M Hand v. K. / Glück Trauer [HMA 7213]

Die »Traumfrau« E. L. taucht in Notizen zum Gedicht NEUJAHRSBRIEF 1963 und auch im Zusammenhang der von Heiner Müller projektierten Autobiographie KRIEG OHNE SCHLACHT auf:

K[rieg] o[hne] S[chlacht] (incl. Frkbg.) / Ich bin es meinem Vater schuldig / seine Geschichte noch einmal zu / schreiben – geschr. im Stalinskostüm //
der 2. Verrat (E. L..) / (Hotel Leipzig, Abschied / Hauptbahnhof) / meine Jugend/Kindheit war zu Ende [HMA 4476]

Beim 1. Verrat handelt es sich um die »Urszene« in Heiner Müllers Leben und Werk: daß er sich bei der Verhaftung seines Vaters durch die SA schlafend stellte, als sein Vater von ihm Abschied nehmen wollte. [S. 83]

War without battle = konkreter Beweis / f[ür] m[eine] Sprache d[es] Terror (der gegen mich usw.) / march – PoW → Schwerin (Scheune) → way home → / first weeks → Tanz → first lovesex / E. L. Baum – Heim- / weg vorbei an Kaserne – nights in Güstrow – / Abschied im Zug – Wiedersehen im Eis in Leipzig / (begin of new age (→ mit dem ich nicht kann) – coit. für Mehl // = selten genug ist es d[as] Glück der Tiere: danach / E. L.

[Zitiert nach: HMW 9. Eine Autobiographie. Kommentar, S. 501; HMA 4198]

zwischen uns lag der Mehlschieber / + zum Preis v. 5 Pfd. Mehl / der schwitzend sein ungewaschenes / Glied / in die Frau stieß die / meine erste Liebe war – [HMA 4476]

am Morgen / an einem Sommertag, es muß / ein Sommertag gewesen sein, ich / kann mich nicht an Schnee erinnern, / kaum an Winde, / auf dem Hauptbahnhof in Leipzig / zwischen Gleis 8 + 9 oder / zw. 12 + 13 Auf bald Abschied für immer, / I won't forget her last look / knowing game is over – [HMA 4476]

HERZTOD IN L.
prose: Mein Herz starb in Leipzig in einem Hotelzimmer / (my heart dies in L – in a hotelroom / mit/auf einem Doppelbett in einer Nacht ohne Schlaf / (with a double beas in a night without sleep / fucking [?] / (Ich hatte nicht gewußt

das Nächte so lang sein können / vorher) // story / of live / to Elis. / L. // (I didn't know nights are/were as long) / Before / meine Geliebte erzählte mir / (warum) / daß ihre Mutter sie / zu einem Mehlhändler {Schieber} geschickt hatte um / Mehl für die Kinder zu kaufen – / mit ihrem Leib der meine Liebe war / mit ihren schönen Brüsten mit ihrem / unvergeßlichen/unvergeßbaren warmen Schoß //>>Gedicht / (fragm. ?) / über Schoß (an Baum // (next night: G. K.) next Schwerarbeiterinnen an / meiner widerspenstigen / Geilheit [?] / night of date of birth of daughter

[HMA 4479. Vgl. Bericht von Rosemarie Fritzsche über Geburt der Tochter Regine: »Am 25. Dezember wurde Regine geboren. Einen Tag nach der Geburt sagte mir Heiner, dass er die ganze Zeit über ein Verhältnis mit einer Tänzerin gehabt habe.« Hauschild, S. 97]

Seiner Ersten Liebe hat Heiner Müller ein Denkmal gesetzt mit dem Gedicht:

E. L.

Du kamst wie eine Prinzessin übers Meer
Nach Dänemark verschlagen auf der Flucht aus Danzig
Im U-Bootgejagten von Bombern besuchten Transportschiff.
Es war wie eine Tempelschändung, als du
Eine Brille aufgesetzt hast neben mir im Kino

Bäume wildwachsend Wurzeln im Uferschlamm
Schilf grün

DER LORD
LÄSST SICH ENTSCHULDIGEN er nimmt den Frühzug
Bei Schiller weiß man wenigstens wann Schluß ist

AUF BALD beide wissend auf nie

EXCUSE ME MADAM

[HMW 1. DIE GEDICHTE, S. 173]

[22]

Traum 4. 8. – Ich nehme M. den Kopf ab, esse / von ihren Haaren, {die in der Form bleiben, wie mit d. Kopf} sie fällt, ohne / Kopf, auf den Boden. Ich setze / ihr den Kopf wieder auf – sie / fragt mich: liebst du mich – [HMA 7214]

[23]

Traum 19.-20. 1. – Ich, M., + PS, Unternommene eines riesigen Tourismus {Vergnügungspark}, der Menschenmassen durch Attraktionen schleust/presst/jagt + Landschaften (Teile von Landschaften) bewegt. In ungeheuerem Menschenstrom der sich durch die Attraktionen wälzt, immer wieder getrennt von G. – irgendwie weiß ich den Weg (kenne den Prospekt)? obwohl der Vergnügungspark (+ die einzelnen Teile Attraktionen) in dauernder Bewegung Veränderung – / In die Menge Ankunft an einen riesigen Schaukasten (Glas), in dem ein Kultfilm gezeigt wird. Der Held hat Macht über Stofftiere, wenn die Teddybärn sich zu bewegen anfangen, weiß man daß die Katastrophe sich anbahnt, die Machtübernahme der künstlichen Tiere. Ich will den Film (Kultfilm) zu Ende sehen, M. nicht / Wir gehn ein Stück beiseite, zu einem Abhang (Felsen), eine gewundene Treppe ist in den Fels geschlagen, wir versuchen den Abstieg außen, während hinter uns das Spektakel weiterläuft (der Held, weiß ich, vielleicht kenne ich den »Film«, ist außermenschlich, vielleicht von einem andern Stern, seine Augen schwarz + geometrisch) / die Treppe herauf kommen zwei Giganten. Mäntel aus (dürrem) Gebüsch zwei Dekorationsstücke, nehmen/besetzen vor dem Schaukasten das Areal ein (vollständig) von dem aus wir zugesehn haben. Kommen zurück, unausweichlich auf uns zu / Einer der beiden: Passen Sie [auf], daß Sie mich nicht berühren u. ä. Wir können knapp ausweichen, ich gerate in die hinteren Ausläufer (Gebüsch trocken) des Sprechers (gegen das Verbot) spüre etwas wie einen Reifen sich um meinen Hals legen – kann darunter wegtauchen. Lärm im Schaukasten, Feuer, das Theater explodiert. Ich habe mich in eine spielzeughaft sauber »altväterische« Ortschaft verlaufen. Werde plötzlich von älteren Frauen verfolgt, ich soll einem Kind etwas getan haben – Ich leugne. Von hinten um meinem Körper herum (aus meinem Körper heraus?) wachsen zwei Hände die mir nur nicht gehörn / Ich zeige darauf: sind nicht meine Hände. Am Straßenrand sitzt eine alte Frau mit bodenlangem Rock + bösem Lächeln, zeigt mir ihre Hände: es sind die, die überzählig um meinen Körper greifen. Der Mann mit dem Gebüsch (in Zivil, ohne das Dekorationsteil) kommt vorbei, mit einem andern, den ich nicht kenne. Ich flehe ihn um Hilfe gegen die Aggression der Frauen – er steigt mit mir auf eine Leiter, die steil aus der Ortschaft herausführt, die Frauen + der Junge steigen nach. Ich werfe dem Jungen ein Tuch auf den Kopf, erwache über meine »Brutalität« //

Der Handtrick | Die Hände der Alten, die um meinen aus meinem Körper wachsen / Das Kind auf der Leiter unter mir – werfe Tuch auf das Kind [HMA 7211]

[24]
Traum Moskau 20. 10. – das Essen – die Räume geschlossen / (Falttürn?) – di. Musik + Gesang – / Guckloch – – – / (zu große) / die Zigarrenkippen / »Nach der Bauprobe« [HMA 7215]

[25]
Dream – NY Kleinflugzeug (2 F 1 M (ich)) / – Sumpfgegend im Halbsüden / (»Abstecher«) – Grundfarbe ocker – / (andre Landschaft in anderm Traum: / ungeheure Ausblicke v. Bergen, zw. Bergen) / auf Meer – [HMA 7216]

[26]
Traum – Lauf durch dunkle Gänge (lang) / über Treppen (mit feuchten, schwärzlichen / Wänden, fensterlos, unbeleuchtet, aber / manchmal, von der Seite, Einfall v. / schwachem Licht) / erst allein. / Schild: weiter (oder/und) rennen / Die 2 (älteren) Frauen an der Ecke / Dann Frau + Kind / Frau rennt weiter, Kind bleibt zurück / (Mädchen) / Dann mit Kind an der Hand / »Wir werden es schon schaffen« / dann keine Treppe mehr, sandig- /steinige Böschung (im Dunkeln liegend) / Gebäude – Schild daran: Asyl. //
Nach einem Krieg, unterirdische / 3 Leute (überlebend) wenn sie ein Gewehr haben, muß ich sie ersch. / habe ein Gewehr ... Fahrzeuge .... der Begegner mit dem mexikanischen Hut //
Verfolgung / durch Tunnel / (by tunnels) / + Wände + Keller / (Bunker) / (= mother- / image) [HMA 7217]

[27]
Kempinski – Ich wachte auf + wußte, daß ich einen Mord begangen hatte, viele Morde – Ich hatte nicht gewußt, daß es so leicht war. (Vielleicht weil ich zu viel darüber nachgedacht hatte (bevor ich es tat) (so daß meine Vorstellung/Fantasie die Wirklichkeit (des Tötens) überholt hatte.) Ich brauchte nur, mit dem Rücken an der Wand gegenüber der Balkontür [(stehend), so daß meine Gäste/Opfer das Licht im]
[HMA 7219]

[28]
Traum 2 – d. Manuskript(Schreibmasch.)blatt (Umsiedlerin) / (der »ausführliche« Dialog / die schlechte Ausführlichkeit aus devotem / Eifer den gegebenen Raum (Theater) ganz / auszufüllen –) / Striche / Verschwinden des Textes / bis auf Fleisch(Hackfl.)fetzen / das (im Hotel (= eignem) Zimmer) liegen / gelassene Buch (Reminiszenz DDR – BRD) / Der Dom Köln / ein runder à la Berlin // in gleicher Wohnung plötzl. Verschwinden / der Möbel (Betten, Tische) unter / denen ich (wir) versteckt / Mappe mit MPistole verschwunden / Partner v. Blondem (?) ermordet (Messer). / Blonder + G. (zwangsweise) Bl. liebt / mich (gibt vor?) – Bier aus dem Keller – / → München / (alte Angst vor »Männern« / Sz[ene] mit d. Muskelmann / auf d. Bahnsteig / (der stärkste Feind beim / »Geländespiel« [HMA 9455]

[29]
Dream R[obert] *W*[ilson] *visiting – person / (long awaited)* – Besuch RW offenbar im Osten, wo ich / (er war nie dort) ich mit G (später M? oder / gleich M) / in Badewanne, Marg.

sitzt mit d. Rücken zu mir in Badewanne. Ich, nackt, dusche. RW guckt zu. – Er ist müde – Angebot: 1/2 Std. hinlegen. M. holt Bettzeug / kommt zurück mit (meiner) Mutter – RW begrüßt sie: wen ich ernenne der wird anerkannt, (arrogant) – M hat Bett in anderm Haus gemacht – Weg zum Haus am See {Ostsee} durch gefrorenen + halbgefrorenem Schlamm + (Eis) Pfützen – pappender Restschnee – RW macht Schneebälle, wirft auf mich (Spiel, nicht aggressiv), ich mache einen Schneeball, verwende ihn nicht, zuviel Schlamm + werfe einen, treffe einen Lautsprecher unserer eignen Anlage im Garten unsres Hauses, hinter Maschendrahtzaun – Hohn vom Nachbargrundstück (Männer) wir gehn weiter (nur RW und ich) Steigung, ein steiles Venedig, neben mir in einem steil abfließenden Wasser, zieht ein Auto vorbei, nach unten. Es gibt ein Gebäude das ich ihm gern zeigen würde. Wir gehn einem Trommeln nach in einen Garten, im Viereck [Zeichnung] sitzen Indianer kostümiert, mit Augenbinden aus Mull (Netz) + erzeugen das Geräusch, das eigentl. (vielleicht) kein Trommeln ist, in einer mit merkwürdig verzerrten Gesten (Posen) hergestellten Distanz zu ihren Instrumenten (gibt es Instrumente?) –
RW hat mir erzählt daß ihm für die Reise (to the east) Unglück vorher-an-gesagt worden ist, er hat Angst (gehabt?) – Eine Zigeunerin tritt zu uns, spricht uns deutsch an. RW tritt nach ihr, spielerisch, childisch – Ich: Er ist Amerikaner –

[HMA 5331]

[30]
Traum 5/6. 1. – Klo im Freien / (Arbeiterwohnungen daneben) / Bücherstapel im Freien / (oft in Varianten geträumt) / die schutzlosen (vernachlässigten) Bücher / Junge (Bruder?)

dafür / verantwortlich / Fahrzeug mit Pferd / (später Lamm) kann / nicht durch [HMA 3658]

In einem Brief an Robert Wilson taucht das Motiv der Bücherstapel wieder auf:

Gestern habe ich das Ende der Bibliotheken geträumt: neben Wohnbaracken und Maschinenhallen, in denen geometrische Formen hergestellt wurden, deren Funktion oder Verwendungszweck ich nicht ausmachen konnte, Stapel, Haufen von Büchern, Bücher im Gras, Bücher im Schlamm, in aufgewühltem Baugrund, faules Papier, verweste Buchstaben. Auf dem Weg zur Toilette ein Arbeiter mit leerem Gesicht. Ein andrer Traum der gleichen Nacht: wir aßen, eng an schmalen Tischen, im weiten Innenhof eines Kastells in der Schweiz, unter Hubschrauberflügen. Sirenen störten die Mahlzeit: ein Großalarm. Ein Kellner oder der Burgvogt in Rüstung teilte uns mit, was ihn ausgelöst hatte. 17 Trainer der Bundesliga hatten in Frankreich zwei Kinder überfahren. Als ich Dir die Nachricht übersetzen wollte, mit Hoffnung auf Dein Kojotengelächter, sah ich Dich nicht mehr am Tisch sitzen, sondern auf der Burgmauer stehn, eingespannt in ein weiträumiges Stahlgestänge, fast schon mit ihm verwachsen, durch Kopfhörer für meine Stimme unerreichbar, unerreichbar auch für die Sirenen des Schweizer Großalarms.

[Brief an Robert Wilson. Geschrieben am 23.2.1987. HMW 8. Schriften, S. 316]

[31]

Traum 11. 2. – Bücher in Landschaft {aufgeschlagen / od. mit Stricken gebunden / verpackt} (Bühnenbild?) / zur Geschichte eines Menschen / (Harych Geiseltal? Rudi?) nach / dem ersten Weltkrieg zusammengestellt / (Geschichte, »geschrieben« von Thomas. // Prinzip Cage: Stück aus Zitaten / + Halbfabrikaten

[HMA 5327. HEINER MÜLLER ERWÄHNT DEN AUTOBIOGRAPHISCHEN ROMAN VON THEO HARYCH: IM GEISELTAL. BERLIN 1952]

[32]
Traum: Reisevorbereitung – die Detonationen / Artillerie als Kommentar / zum Gespräch / die Reise ist der Tod / allein / der kleine Raum | secret / Seneca oder die Erfindung des Schweigens / (Yourcenar) // das indirekte Erzählen // wir marsch. begleitet v. fernen Detonationen / den letzten Artillerieduellen + Bombardem. / des 2. Weltkriegs.

[HMA 5288. VERMUTLICH IM UMKREIS DER SENDUNG: DER TOD DES SENECA. HEINER MÜLLER UND ALEXANDER KLUGE. 12. 11. 1992. HMW 12. GESPRÄCHE 3, S. 283-292]

[33]
Traum Zadek – Probe / leicht, angenehm / Stück à la Goldoni / Feriensituation / Gespräche + Gänge (im Park?) / Kuraufenthalt (Rehabil.) / Irrenhaus mit Freigang / (Gefängnis f. Staatsmänner/ vips)? //
{mad king →} Spiel im Spiel – Drama / mit Königen – Schauplatz / über dem andern, in den / »Bäumen«? – / 2 Stühle (Sessel) hängen v. Schnürboden / Nach dem Aufwachen Erinnerung / an »Horizonte« (Modell) //
Variante Kur (Rehabilitation) / an die Rechnung darf ich gar nicht / denken. Aber was solls – man / lebt nur einmal. // Zu lange / wem sagen Sie das / aber aber / wollen wir uns umbringen / wie / wir könnten uns zum Bei- / spiel aufhängen Bäume gibt / es genug //

Ich hab es gewußt. Eine Gar- / dinenschnur. Sie wird reißen. / (Ich werde es Ihnen beweisen / Sie hatten recht.

[Eintrag um den 17./18. 10. 1994 aus dem Heft: Intensivstation. HMA 5080]

Autorentraum

[1]
Ich habe im Moment das Gefühl, daß auch bei mir eine Fluchtbewegung stattfindet. Ich weiß nicht, wie lange, wie weit die gehen wird. Im Augenblick interessiere ich mich sehr für meine Träume und versuche sie manchmal wenigstens zu notieren. Die Hauptarbeit, scheint mir, besteht darin, daß man seine Träume beim Schreiben einholt, was unmöglich ist. Man kann sie nie so präzise und zugleich so komplex notieren, wie man sie träumt. Das ist, von einer anderen Konzeption her gesehen, natürlich ein schlimmes Symptom. Aber ich werde es eine Weile versuchen.

[Mich interessiert der Fall Althusser ... Gesprächsprotokoll 1981. HMW 8. Schriften, S. 243]

[2]
Das Problem des Schriftstellers, überhaupt des Künstlers, ist doch, daß er sein ganzes werktätiges Leben versucht, auf das poetische Niveau seiner Träume zu kommen. Das geht nur, wenn er nicht interpretiert, was er hervorbringt. Ich schreibe mehr, als ich weiß. Ich will nicht nachdenken über das, was ich mache.

[So abgründig ist das gar nicht ... Heiner Müller und André Müller. Duisburg, Sommer 1987. HMW 10. Gespräche 1, S. 580f.]

[3]
In den letzten Jahren hab' ich zunehmend Material aus Träumen verwendet, aus eigenen Träumen, und das ist ja das, was man zeitlebens nie erreicht, auch die Surrealisten nicht. Die eigenen Träume sind immer besser als das, was man daraus

machen kann. Als Träumender ist man ein Genie. Die ganze Arbeit besteht darin, sich dem so weit anzunähern, wie es geht. Es ist so wie mit der berühmten Hokusai-Geschichte, [...] die mit dem vollkommenen Kreis, wo es darum geht, freihändig einen Kreis mit dem Pinsel malen oder zeichnen zu können. Das ist eigentlich dieses Traumziel, das Niveau seiner eigenen Träume zu erreichen, ob beim Malen oder beim Schreiben ist wahrscheinlich dann egal.

[Fünf Minuten Schwarzfilm. Rainer Crone spricht mit Heiner Müller. Sommer 1988. HMW 11. Gespräche 2, S. 360 f.]

[4]

Der ganze Sinn jeder künstlerischen Anstrengung ist ja eigentlich, den eigenen Träumen nachzujagen. Man versucht, die Stringenz der Träume zu erreichen, aber das erreicht man nie, weil: im Traum ist jeder ein Genie, und dem jagt man nach.

[Kein Text ist gegen Theater gefeit. Heiner Müller und Olivier Ortolani. Berlin, 18. 2. 1990. HMW 11. Gespräche 2, S. 570]

[5]

Aus Naivität kommt die Kraft, Phantasie als Realität, als Bestandteil von Realität zu behaupten. Das gilt auch für den Traum. In der Kunstproduktion, beim Malen oder beim Schreiben, jagt man immer nur den Träumen nach, versucht, im Umgang mit Realitätspartikeln dieselbe Freiheit zu erreichen wie im Traum. Ohne kausale Verknüpfungen, ohne Übergänge, ohne sich für einzelne Schritte zu entschuldigen, aus einem Bild ins nächste.
Ohne Moral, denn Moral ist immer nur eine Entschuldigung für Optikwechsel, für den Wechsel von Positionen. Daß der

Traum genauso zu unserem Leben gehört wie der Alltag, das muß behauptet, muß durchgesetzt werden.

[Nekrophilie ist Liebe Zukunft. Heiner Müller und Frank M. Raddatz. Berlin, März 1990. HMW 11. Gespräche 2, S. 608 f.]

[6]
Mich hat immer die Erzählstruktur von Träumen interessiert, das Überganslose, die Außerkraftsetzung von kausalen Zusammenhängen. Die Kontraste schaffen Beschleunigung. Die ganze Anstrengung des Schreibens ist, die Qualität der eignen Träume zu erreichen, auch die Unabhängigkeit von Interpretation.

[Krieg ohne Schlacht, S. 298; HMW 9. Eine Autobiographie, S. 233 f.]

[7]
Die Kunst des Erzählens ist verloren gegangen, auch mir seit dem Verschwinden des Erzählers in den Medien, der Erzählung in der Schrift.
Schreiben in der Geschwindigkeit des Denkens bleibt ein Autorentraum. Aus den Zwängen der Kunst befreit erst der Computer, der den Weg zu den Klischees abkürzt, trüber Ersatz für die poetischen Formeln des Rhapsoden aus dem Reich der Mütter.

[Erinnerung an einen Staat. April 1992. Nachwort zu Krieg ohne Schlacht, S. 366; HMW 9. Eine Autobiographie, S. 287]

[8]
Ein anderes Phänomen beim Schreiben: die Passivität des Autors, die Autonomie des Textes. Man geht aus von einer Dominanz des Autors gegenüber dem Text. Schreiben ist eher ein Blindflug in die oder durch die Sprache. Man hat

Konzepte, aber die werden verbrannt und verheizt im Arbeitsprozeß. Es entsteht vielleicht etwas, was man sich erträumt hat, aber es entsteht nicht kalkuliert, und die Schritte dahin sind nicht reduzibel; man kann sie nicht begrifflich fassen. Das ist das Problem des Tausendfüßlers: Wenn der anfängt, seine Beine zu zählen, ist er verloren. Und wenn man schreibt, ist man ein Tausendfüßler.

[1993. Tristan und die Wanzen. Heiner Müller und Siegfried Gerlich. Berlin, 26./27. 5. 1993. HMW 12. Gespräche 3, S. 371 f.]

Traumtexte

[1]
Das Gefühl des Scheiterns, das Bewußtsein der Niederlage beim Wiederlesen der alten Texte ist gründlich. Versuchung, das Scheitern dem Stoff anzulasten, dem Material (ein kannibalisches Vokabular – »We are such stuff as dreams are made of«), der Geschichte des amputierten Helden: sie kann jedem passieren, sie bedeutet nichts; bei dem einen genügt eine Blutvergiftung, der andre hat mehr Glück: er braucht einen Krieg. Ausflucht: Europa ist eine Ruine, in den Ruinen werden die Toten nicht gezählt. Die Wahrheit ist konkret, ich atme Steine. Leute, die ihre Arbeit machen, damit sie ihr Brot kaufen können, haben für solche Betrachtungen keine Zeit. Aber was geht mich der Hunger an. Uneinholbarkeit des Vorgangs durch die Beschreibung; Unvereinbarkeit von Schreiben und Lesen; Austreibung des Lesers aus dem Text. Puppen, mit Wörtern gestopft statt mit Sägemehl. Herzfleisch. Das Bedürfnis nach einer Sprache, die niemand lesen kann, nimmt zu. Wer ist niemand. Eine Sprache ohne Wörter. Oder das Verschwinden der Welt in den Wörtern. Stattdessen der lebenslange Sehzwang, das Bombardement der Bilder (Baum Haus Frau), die Augenlider weggesprengt. Das Gegenüber aus Zähneknirschen, Bränden und Gesang. Die Schutthalde der Literatur im Rücken.

Das Verlöschen der Welt in den Bildern

[1955/61. Text aus dem Stück TRAKTOR. HMW 2. Die Prosa, S. 87. Zuerst veröffentlicht in: Wespennest (Wien) 16/1974, S. 6 unter dem Titel: BEIM WIEDERLESEN EINES ALTEN TEXTES ÜBER EINEN TRAKTORFAHRER, DER 1946 IN BRANDENBURG BEIM PFLÜGEN AUF EINE MINE GERIET]

[2]
LIEBESGESCHICHTE

In der Nacht träumte P.: Er hatte den Abend mit vier Männern verbracht, irgend etwas wurde gefeiert, Frauen waren dabei. Er stieg eine Leiter zum Dachboden im Haus eines der Männer hinauf. Auf dem Dachboden, der dem im Haus seiner Großeltern glich, wo er mit seiner Cousine Vater und Mutter gespielt hatte, wobei sie von einem Onkel überrascht worden waren, zerlegte der Hausherr, ein kleiner Alter mit hartem grauweißem Stoppelbart, eine der Frauen, P. wußte beim Aufwachen nicht, woran er sie erkannt hatte, mit dem Beil; die Teile stopfte er in ein Salzfaß. P. sah es von der Leiter aus, Kopf und Schultern in der Luke, und machte sich schnell an den Abstieg. Nicht schnell genug: der Schlächter, mit einem schiefen Blick, bemerkte ihn und winkte, ohne seine Arbeit mehr zu unterbrechen, mit dem Beil. Am Hauseingang stand die zwölfjährige Tochter des Alten. Wir lassen uns nicht wieder arm machen, sagte sie und: Ich sage den Blinden Bescheid. P. lief den Feldweg zur Straße, dann die gewundene Straße entlang, sah, als er im Laufen zurückblickte, im weiten Abstand sich selbst noch einmal die Straße entlanglaufen und im Laufen sich umsehn, auf der Flucht vor den Blinden.

[Abschnitt 7 aus LIEBESGESCHICHTE. 1953. HMW 2. Die Prosa, S. 29 f.]

Heiner Müller 1987 im Gespräch mit André Müller: »So abgründig ist das gar nicht«:

André Müller In Ihrer Erzählung LIEBESGESCHICHTE beschreiben Sie einen Traum, in dem eine Frau mit einem Beil zerlegt wird.

Heiner Müller Das träumt doch jeder. Vielleicht drückt sich da eine bestimmte Angst aus.
André Müller Angst vor Frauen?
Heiner Müller Die habe ich eigentlich nicht, auch nicht das Bedürfnis, eine Frau zu beherrschen. Angst wird abgearbeitet, indem man sie träumt.

[So abgründig ist das doch gar nicht ... Heiner Müller und André Müller. Duisburg, Sommer 1987. HMW 10. Gespräche 1, S. 580]

[3]
HERAKLES 2 ODER DIE HYDRA

Lange glaubte er noch den Wald zu durchschreiten, in dem betäubend warmen Wind, der von allen Seiten zu wehen schien und die Bäume wie Schlangen bewegte, in der immer gleichen Dämmerung der kaum sichtbaren Blutspur auf dem gleichmäßig schwankenden Boden nach, allein in die Schlacht mit dem Tier. In den ersten Tagen und Nächten, oder waren es nur Stunden, wie konnte er die Zeit messen ohne Himmel, fragte er sich noch manchmal, was unter dem Boden sein mochte, der unter seinen Schritten Wellen schlug so daß er zu atmen schien, wie dünn die Haut über dem unbekannten Unten und wie lange sie ihn heraushalten würde aus den Eingeweiden der Welt. Wenn er vorsichtiger auftrat, schien es ihm, als ob der Boden, von dem er geglaubt hatte, daß er seinem Gewicht nachgäbe, seinem Fuß entgegenkam, ihn sogar, mit einer saugenden Bewegung, anzog. Auch hatte er das deutliche Gefühl, daß seine Füße schwerer wurden. Er zählte die Möglichkeiten. 1) Seine Füße wurden schwerer und der Boden saugte seine Füße an. 2) Er fühlte seine Füße schwerer werden, weil der Boden sie ansaugte. 3) Er hatte den Eindruck, daß der Boden seine Füße ansaugte, weil sie schwerer wurden. Die Fragen beschäftigten ihn eine Zeit (Jahre Stunden Minuten) lang. Er fand die Antwort in dem zunehmenden Schwindelgefühl, das der konzentrisch wehende Wind ihm verursachte: Seine Füße wurden nicht schwerer, der Boden saugte seine Füße nicht an. Das eine wie das andere war eine Sinnestäuschung, durch seinen fallenden Blutdruck bedingt. Das beruhigte ihn und er ging schneller. Oder glaubte er nur schneller zu gehn. Als der Wind zunahm, wurde er häufiger an Gesicht Hals Händen von Bäumen und Ästen gestreift. Die Berührung war zunächst eher angenehm, ein Streicheln oder als prüften sie, wenn auch oberflächlich und ohne besonderes Interesse, die Beschaffenheit seiner Haut. Dann schien der Wald dichter zu wachsen, die Art der Berührung änderte sich, aus dem Streicheln wurde ein Abmessen. Wie beim Schneider, dachte er, als die Äste seinen Kopf umspannten, dann den Hals, die Brust, die Taille usw., sogar an seinem Schritt schien der Wald interessiert zu sein, bis sie ihn von Kopf bis Fuß Maß genommen hatten. Das Automatische des Ablaufs irritierte ihn. Wer oder was lenkte die Bewegungen dieser Bäume, Äste oder was immer da an seiner Hutnummer Kragenweite Schuhgröße interessiert war. Konnte dieser Wald, der keinem der Wälder glich, die er gekannt, »durchschritten« hatte, überhaupt noch ein Wald genannt werden. Vielleicht war er selber schon zu lange unterwegs, eine Erdzeit zu lange, und Wälder überhaupt waren nur mehr was dieser Wald war. Vielleicht machte nur noch die Benennung einen Wald aus und alle andern Merkmale waren schon lange zufällig und auswechselbar geworden, auch das Tier, das zu schlachten er diese vorläufig noch Wald benannte Gegebenheit durchschritt, das zu tötende Monstrum, das die Zeit in ein Exkrement im Raum verwandelt hatte, war nur noch die Benennung von etwas nicht mehr Kenntlichem mit einem Namen aus einem alten Buch. Nur er, der Unbenannte, war sich selber gleichgeblieben auf seinem langen schweißtreibenden Gang in die Schlacht. Oder war auch, was auf seinen Beinen über den zunehmend schneller tanzenden Boden ging, schon ein andrer als er. Er dachte noch darüber nach, als der Wald ihn wieder in den Griff nahm. Die Gegebenheit studierte sein Skelett, Zahl, Stärke, Anordnung, Funktion der Knochen, die Verbindung der Gelenke. Die Operation war schmerzhaft. Er hatte Mühe, nicht zu schreien. Er warf sich nach vorn in einen schnellen Spurt aus der Umklammerung. Er wußte, nie war er schneller gelaufen. Er kam keinen Schritt weit, der Wald hielt das Tempo, er blieb in der Klammer, die sich jetzt um ihn zusammenzog und seine Eingeweide aufeinanderpreßte, seine Knochen aneinanderrieb, wie lange konnte er den Druck aushalten, und begriff, in der aufsteigenden Panik: der Wald war das Tier, lange schon war der Wald, den zu durchschreiten er geglaubt hatte, das Tier gewesen, das ihn trug im Tempo seiner Schritte, die Bodenwellen seine Atemzüge und der Wind sein Atem, die Spur, der er gefolgt war, sein eigenes Blut, von dem der Wald, der das Tier war, seit wann, wieviel Blut hat ein Mensch, seine Proben nahm; und daß er es immer gewußt hatte, nur nicht mit Namen. Etwas wie ein Blitz ohne Anfang und Ende beschrieb mit seinen Blutbahnen und Nervensträngen einen weißglühenden Stromkreis. Er hörte sich lachen, als der Schmerz die Kontrolle seiner Körperfunktionen übernahm. Es klang wie Erleichterung: kein Gedanke mehr, das war die Schlacht. Sich den Bewegungen des Feindes anpassen. Ihnen ausweichen. Ihnen zuvorkommen. Ihnen begegnen. Sich anpassen und nicht anpassen. Sich durch Nichtanpassen anpassen. Angreifend ausweichen. Ausweichend angreifen. Dem ersten Schlag Griff Stoß Stich zuvorkommen und dem zweiten ausweichen. Umgekehrt. Die Reihenfolge ändern und nicht ändern. Dem Angriff begegnen mit gleicher und (oder) andrer Bewegung. Geduld des Messers und Gewalt der Beile. Er hatte seine Hände nie gezählt. Er brauchte sie auch jetzt nicht zu zählen. Überall wo immer wenn er sie brauchte, verrichteten sie seine Arbeit, Fäuste bei Bedarf, die Finger einzeln verwendbar, die Nägel gesondert, die Kanten aus dem Ellbogen. Seine Füße hielten den im Aufstand gegen die Gravitation zunehmend schneller rotierenden Boden fest, die Personalunion von Feind und Schlachtfeld, den Schoß der ihn behalten wollte. Die alte Gleichung. Jeder Schoß, in den er irgendwie geraten war, wollte irgendwann sein Grab sein. Und das alte Lied. ACH BLEIB BEI MIR UND GEH NICHT FORT AN MEINEM HERZEN IST DER SCHÖNSTE ORT. Skandiert vom Knacken seiner Halswirbel im mütterlichen Würgegriff. TOD DEN MÜTTERN. Seine Zähne erinnerten sich an die Zeit vor dem Messer. Im Gewirr der Fangarme, die von rotierenden Messern und Beilen nicht, der rotierenden Messer und Beile, die von Fangarmen nicht, der Messer Beile Fangarme, die von explodierenden Minengürteln Bombenteppichen Leuchtreklamen Bakterienkulturen nicht, der Messer Beile Fangarme Minengürtel Bombenteppiche Leuchtreklamen Bakterienkulturen, die von seinen eigenen Händen Füßen Zähnen nicht zu unterscheiden waren in dem vorläufig Schlacht benannten Zeitraum aus Blut Gallert Fleisch, so daß für Schläge gegen die Eigensubstanz, die ihm gelegentlich unterliefen, der Schmerz beziehungsweise die plötzliche Steigerung der pausenlosen Schmerzen in das nicht mehr Wahrnehmbare sein einziges Barometer war, in dauernder Vernichtung immer neu auf seine kleinsten Bauteile zurückgeführt, sich immer neu zusammensetzend aus seinen Trümmern in dauerndem Wiederaufbau, manchmal setzte er sich falsch zusammen, linke Hand an rechten Arm, Hüftknochen an Oberarmknochen, in der Eile oder aus Zerstreutheit oder verwirrt von den Stimmen, die ihm ins Ohr sangen, Chöre von Stimmen BLEIB IM RAHMEN LASS DAMPF AB GIB AUF oder weil es ihm langweilig war, immer die gleiche Hand am gleichen Arm immerwachsende Fangarme Schrumpfköpfe Stehkragen zu kappen, die Stümpfe zum Stehen bringen, Säulen aus Blut; manchmal verzögerte er seinen Wiederaufbau, gierig wartend auf die gänzliche Vernichtung mit Hoffnung auf das Nichts, die unendliche Pause, oder aus Angst vor dem Sieg, der nur durch die gänzliche Vernichtung des Tieres erkämpft werden konnte, das sein Aufenthalt war, außer dem vielleicht das Nichts schon auf ihn wartete oder auf niemand; in dem weißen Schweigen, das den Beginn der Endrunde ankündigte, lernte er den immer andern Bauplan der Maschine lesen, die er war aufhörte zu sein anders wieder war mit jedem Blick Griff Schritt, und daß er ihn dachte änderte schrieb mit der Handschrift seiner Arbeiten und Tode.

[1972. TEXT AUS DEM STÜCK ZEMENT. HMW 2. DIE PROSA, S. 94-98]

Zum Motiv der Fangarme vgl. Traumprotokoll Nr. 23 [S. 101 f.]: die Fangarme aus Gebüsch, die sich um den Hals schlingen, dann die Fangarme der Frau: »Von hinten um meinem Körper herum (aus meinem Körper heraus?) wachsen zwei Hände die mir nur nicht gehörn / Ich zeige darauf: sind nicht meine Hände. Am Straßenrand sitzt eine alte Frau mit bodenlangem Rock + bösem Lächeln, zeigt mir ihre Hände: es sind die, die überzählig um meinen Körper greifen.« [HMA 7211]

Heiner Müller über die Entstehung des HYDRA-Texts als Interludium in seinem Stück ZEMENT: »Ich erinnere mich, es gab für mich beim Schreiben einen längeren Stop vor diesem HYDRA-Text innerhalb des Stückes. Zwei Wochen wußte ich nicht weiter. Der HYDRA-Text war der Wirbel, den ich brauchte, um weiterzukommen. [...] Der HYDRA-Text war der Versuch, sich an den eignen Haaren aus dem Sumpf zu ziehn, geschrieben nach einer Flasche Wodka, fast bewußtlos. Am nächsten Tag habe ich gelesen, was ich nachts geschrieben hatte, und es war mit wenig Änderungen zu gebrauchen.«

[Krieg ohne Schlacht, S. 244f.; HMW 9. Eine Autobiographie, S. 192]

Neben HERAKLES 2 ODER DIE HYDRA gibt es drei weitere Interludien im Stück ZEMENT: DIE RACHE DES ACHILL, DIE BEFREIUNG DES PROMETHEUS und MEDEAKOMMENTAR. Heiner Müller hat den vom Schauspieler zu bewältigenden Wechsel von der Sprache des Protagonisten Tschumalow zum Intermedium der Rede des Achill im Stück als »Tableau« bezeichnet. Ausgehend von diesem Begriff analysiert Ulrike Haß in ihrer Studie über »Traum. Sprache. Zukunft des Politischen« die »Traumsprache« dieser antiken Tableaux im Gefüge des ZEMENT-Textes: »Die sogenannten ›Tableaux‹ sind Prosablöcke, die an den Gelenkstellen der dramatischen Texte entstehen. Sie unterbrechen die bis dahin dialogisch geführte Dramaturgie der Stücke und zerreißen den dialektischen Transport der Dialoge. Diese Tableaux verhalten sich in den dramatischen Texten Müllers weniger als Kommentar denn als Aufschub und Fremdkörper. [...] Die angehaltene Zeit ist der mit sich selbst uneinige und unzeitige Zustand unserer Zeit. [...] Die Traumtexte eröffnen eine Ab-

nung für das Gespenstische der Gegenwart, und das, was an ihr gespenstisch ist, ist zukünftig.«

[ULRIKE HASS, »TRAUM. SPRACHE. ZUKUNFT DES POLITISCHEN«. IN: DER TEXT IST DER COYOTE. HEINER MÜLLER. BESTANDSAUFNAHME. FRANKFURT AM MAIN 2004, S. 241-253]

[4]
MEDEAKOMMENTAR

GESCHÄNDET. Bei wem ist die Schande. Ich kann mir
Jeden Mann abwaschen. Es muß nicht mit Blut sein –
Wär ich ein Mann. Manchmal träum ich davon
Wie ihr in Reihe an der Wand steht, alle
Meine Geliebten und meine Gehaßten
Nackt, schießen will ich, kanns nicht, und ihr lacht
Oder ich schieße und hör keinen Schuß
Ich seh wie meine Kugeln Löcher schlagen
In euer Fleisch und aus den Einschußlöchern
Quillt wie aus Lautsprechern euer Gelächter
Und manchmal platzt es auf wie eine Blase
Und spuckt mir eine Zote ins Gesicht
Dann seh ich daß ich nackt bin, und ihr seht es
Und führt vor meiner Nacktheit einen Tanz auf
Im Takt aus Schüssen Zoten und Gelächter
Die eine Hand am Schwanz die andre zeigt
Mit Fingern auf mich, weil ich keinen Schwanz hab.
Ihr seht sehr komisch aus in meinem Traum.
Ich muß allein sein, Gleb, für eine Zeit.
Ich liebe dich. Aber ich weiß nicht mehr
Was das ist, eine Liebe. Wenn sich alles umwälzt.
Wir müssen sie erst lernen, unsre Liebe.

[1972. TEXT DER DASCHA TSCHUMALOWA AUS DER SZENE MEDEAKOMMENTAR IN DEM STÜCK ZEMENT. HMW 4. DIE STÜCKE 2, S. 436 f.]

[5]
FLEISCHERS TRAUM

Das Innere eines Tieres / Menschen. (Wald aus Eingeweiden.) Blutregen. An einem Fallschirm hängt überlebensgroß eine Puppe, die mit dem Sternenbanner bekleidet ist. Ebermasken in SA-Uniform schießen auf die Puppe, erst nacheinander, dann gleichzeitig. Aus den Einschußlöchern rieselt Sägemehl. (Die Schüsse ohne Laut bzw. mit Schalldämpfer.) Wenn die Puppenhülle leer ist, wird sie vom Fallschirm gerissen und zerfetzt. Tanz der Ebermasken. Sie stampfen die Fetzen in das Sägemehl.

[1951/1974. Regieanweisung zur Szene FLEISCHERS TRAUM aus DIE SCHLACHT. HMW 4. Die Stücke 2, S. 478]

[6]
TODESANZEIGE

Sie war tot, als ich nach Hause kam. Sie lag in der Küche auf dem Steinboden, halb auf dem Bauch, halb auf der Seite, ein Bein angewinkelt wie im Schlaf, der Kopf in der Nähe der Tür. Ich bückte mich, hob ihr Gesicht aus dem Profil und sagte das Wort, mit dem ich sie anredete, wenn wir allein waren. Ich hatte das Gefühl, daß ich Theater spielte. Ich sah mich, an den Türrahmen gelehnt, halb gelangweilt halb belustigt einem Mann zusehen, der gegen drei Uhr früh in seiner Küche auf dem Steinboden hockte, über seine vielleicht bewußtlose vielleicht tote Frau gebeugt, ihren Kopf mit den Händen hochhielt und mit ihr sprach wie mit einer Puppe für kein andres Publikum als mich. Ihr Gesicht war eine Grimasse, die obere Zahnreihe schief in dem aufgeklappten Mund, als ob der Kiefer ausgerenkt wäre. Als ich sie aufhob, hörte ich etwas wie ein Stöhnen, das mehr aus ihren Eingeweiden als aus ihrem Mund zu kommen schien, jedenfalls von weit. Ich hatte sie schon oft wie tot daliegen sehen, wenn ich nach Hause kam, und aufgehoben mit Angst (Hoffnung), daß sie tot war und der schreckliche Laut klang beruhigend, eine Antwort. Später klärte mich der Arzt auf: Eine Art Aufstoßen, durch die Lageveränderung bedingt, ein Rest von Atemluft, vom Gas aus den Lungen gepreßt. Oder ähnlich. Ich trug sie ins Schlafzimmer, sie war schwerer als gewöhnlich, nackt unter dem Morgenrock. Als ich die Last auf der Bettcouch ablegte, fiel ihr eine Zahnprothese aus dem Mund. Sie mußte sich, in der Agonie, gelockert haben. Ich wußte jetzt, was ihr Gesicht entstellt hatte. Ich hatte nicht gewußt, daß sie eine Zahnprothese trug. Ich ging zurück in die Küche und stellte den Gasherd ab, dann, nach einem Blick auf ihr leeres Gesicht, zum Telefon, dachte, den Hörer in der Hand, an mein Leben mit der Toten bzw. an die verschiedenen Tode, die sie dreizehn Jahre lang gesucht und verfehlt hatte, bis zu der heutigen erfolgreichen Nacht. Sie hatte es mit einer Rasierklinge probiert: als sie mit einer Pulsader fertig war, rief sie mich, zeigte mir das Blut. Mit einem Strick, nachdem sie die Tür abgeschlossen, aber, mit Hoffnung oder aus Zerstreutheit, ein Fenster offen gelassen hatte, das vom Dach aus zu erreichen war. Mit Quecksilber aus einem Fieberthermometer, das sie, für diesen Zweck, zerbrochen hatte. Mit Tabletten. Mit Gas. Aus dem Fenster oder vom Balkon springen wollte sie nur, wenn ich in der Wohnung war. Ich rief einen Freund an, ich wollte immer noch nicht wissen, daß sie tot war und eine Sache der Behörden, dann das Rettungsamt. SIND SIE WAHNSINNIG MACHEN SIE SOFORT DIE ZIGARETTE AUS TOT SIND SIE SICHER JA SEIT MINDESTENS ZWEI

STUNDEN ALKOHOL DAS HERZ HABEN SIE NICHT GEMERKT DASS IHRE FRAU WO IST DER BRIEF WAS FÜR EIN BRIEF HAT SIE KEINEN BRIEF HINTERLASSEN WO WAREN SIE VON WANN BIS WANN MORGEN NEUN UHR ZIMMER DREIUNDZWANZIG VORLADUNG DIE LEICHE WIRD ABGEHOLT AUTOPSIE KEINE SORGE MAN SIEHT NICHTS. Warten auf den Leichenwagen, im Nebenzimmer eine tote Frau. Die Unumkehrbarkeit der Zeit. Zeit des Mörders: ausgelöschte Gegenwart in der Klammer von Vergangenheit und Zukunft. Ins Nebenzimmer gehen (dreimal), die Tote NOCH EINMAL ansehen (dreimal), sie ist nackt unter der Decke. Wachsende Gleichgültigkeit gegen Dasda, mit dem meine Gefühle (Schmerz Trauer Gier) nichts mehr zu tun haben. Die Decke wieder über den Körper ziehen (dreimal), der morgen aufgeschnitten wird, über das leere Gesicht. Beim drittenmal die ersten Spuren der Vergiftung: blau. Zurück ins Wartezimmer (dreimal). Mein erster Gedanke an den eigenen Tod (es gibt keinen andern), in dem kleinen Haus in Sachsen, in der winzigen Schlafkammer, drei niedrige Stockwerke hoch, fünf oder sechs Jahre alt ich, allein gegen Mitternacht auf dem unvermeidlichen Nachttopf, Mond im Fenster. DER DIE KATZE HIELT UNTER DEN MESSERN DER SPIELKAMERADEN WAR ICH / ICH WARF DEN SIEBENTEN STEIN NACH DEM SCHWALBENNEST UND DER SIEBENTE WAR DER DER TRAF / ICH HÖRTE DIE HUNDE BELLEN IM DORF WENN DER MOND STAND / WEISS GEGEN DAS FENSTER DER KAMMER IM SCHLAF / WAR ICH EIN JÄGER VON WÖLFEN GEJAGT MIT WÖLFEN ALLEIN / VOR DEM EINSCHLAFEN MANCHMAL HÖRTE ICH IN DEN STÄLLEN DIE PFERDE SCHREIN. Gefühl des Universums beim Nachtmarsch auf dem Bahndamm in Mecklenburg, in zu engen Stiefeln und zu weiter Uniform: die dröhnende Leere. HÜHNERGESICHT. Irgendwo auf dem Weg durch den Nachkrieg hatte er sich an mich gehängt, eine dürre Gestalt im schlotternden Militärmantel, der am Boden nachschleifte, eine zu große Feldmütze auf dem zu kleinen Vogelkopf, der Brotbeutel in Kniehöhe, ein Kind in Feldgrau. Trottete neben mir her, stumm, ich kann mich nicht erinnern, daß er ein Wort gesagt hätte, nur wenn ich schneller ging, sogar lief, um ihn abzuschütteln, stieß er zwischen keuchenden Atemzügen kleine klägliche Laute aus. Ein paarmal glaubte ich schon, ihn endgültig abgehängt zu haben, er war nur noch ein Punkt in der Ebene hinter mir, dann auch das nicht mehr; aber im Dunkeln holte er auf und spätestens wenn ich aufwachte, in einer Scheune oder im Freien, lag er wieder neben mir, in seinen löchrigen Mantel gerollt, der Vogelkopf in Höhe meiner Knie, und wenn es mir gelungen war, aufzustehen und wegzukommen, bevor er wach wurde, hörte ich bald hinter mir sein klägliches Keuchen. Ich beschimpfte ihn. Er stand vor mir, sah mich aus schwimmenden Hundeaugen dankbar an. Ich weiß nicht mehr, ob ich ihn angespuckt habe. Ich konnte ihn nicht schlagen: Hühner schlägt man nicht. Nie war mein Wunsch, einen Menschen zu töten, so heftig. Ich erstach ihn mit dem Seitengewehr, das er aus den Tiefen seines Militärmantels geklaubt hatte, um sein letztes Büchsenfleisch mit mir zu teilen, ich aß zuerst, damit ich seine Speichel nicht mitessen mußte, stieß das Bajonett zwischen seine spitzen Schulterblätter, bevor er an der Reih war, sah ohne Bedauern sein Blut auf dem Gras glänzen. Das war an einem Bahndamm, nachdem ich ihn getreten hatte, damit er einen andern Weg ging. Ich erschlug ihn mit seinem Feldspaten, als er gerade gegen den Wind, der über die Ebene ging, auf der wir übernachten mußten, einen Wall aufgeschüttet hatte. Er wehrte sich nicht, als ich ihm den Spaten aus der Hand riß, nicht einmal als er das Spatenblatt kommen sah, brachte er einen Schrei zustande. Er mußte es erwartet haben. Er hob nur die Hände über den Kopf. Mit Erleichterung sah ich in der schnell einbrechenden Dunkelheit, wie eine Maske aus schwarzem Blut das Hühnergesicht auslöschte. An einem sonnigen Maitag stieß ich ihn von einer Brücke, die gesprengt worden war. Ich hatte ihn vorgehen lassen, er sah sich nicht um, ein Stoß in den Rücken genügte; das Sprengloch war zwanzig Meter breit, die Brücke hoch genug für einen Todesfall, unten Asphalt. Ich beobachtete seine Flugbahn, der Mantel gebläht wie ein Segel, das Seitenruder des leeren Brotbeutels, die tödliche Landung. Dann überschritt ich das Sprengloch: ich brauchte nur die Arme auszubreiten, von der Luft getragen wie ein Engel. Er hat in meinen Träumen keinen Platz mehr, seit ich ihn getötet habe (dreimal). TRAUM Ich gehe in einem alten von Bäumen durchwachsenen Haus, die Wände von Bäumen gesprengt und gehalten, eine Treppe hinauf, über der nackt eine riesige Frau mit mächtigen Brüsten, Arme und Beine weit gespreizt, an Stricken aufgehängt ist. (Vielleicht hält sie sich auch ohne Befestigung in dieser Lage: schwebend.) Über mir die ungeheuren Schenkel, aufgeklappt wie eine Schere, in die ich mit jeder Stufe weiter hineingehe, das schwarze wildbuschige Schamhaar, die Roheit der Schamlippen. [1975/1976. HMW 2. DIE PROSA, S. 99-103]

TODESANZEIGE stellt unter den Versuchen von Heiner Müller, den am 1. Juni 1966 erfolgten Selbstmord seiner Frau Inge Müller literarisch zu verarbeiten, das bedeutendste Vermächtnis dar. Seit 1955 mit ihr verheiratet, hat er in einem SELBST-

BILDNIS ZWEI UHR NACHTS AM 20. AUGUST 1959 die wiederholten Selbstmordversuche seiner Frau in einigen Versen zur Sprache gebracht:

Nebenan träumt deine Frau von ihrer ersten Liebe.
Gestern hat sie versucht sich aufzuhängen. Morgen
Wird sie sich die Pulsadern aufschneiden oder wasweißich.
Wenigstens hat sie ein Ziel vor Augen.
Das sie erreichen wird, so oder so.
Und das Herz ist ein geräumiger Friedhof.
[HMW 1. DIE GEDICHTE, S. 43]

Zur Traumsequenz am Ende des Textes TODESANZEIGE ist die folgende Traumnotiz von Heiner Müller bemerkenswert:

Dream – Frau über Treppenhaus / spread-eagle [HMA 7218]

Über diesem Traumbild steht: »Rimbaud Wüste d. Liebe«. »WdL Wüsten der Liebe« waren die 5 Blatt Typoskript im Entwurf, undatiert, von der Handschrift Heiner Müllers überschrieben, und unter diesem Titel ist der Text auch zunächst publiziert worden [VGL. HMW 2. DIE PROSA. KOMMENTAR, S. 202], *bevor der Text endgültig seinen Titel TODESANZEIGE zugeschrieben bekam, der in einem Typoskript aus dem Nachlaß bereits an anderer Stelle auftaucht:*

TODESANZEIGE

only women bleed
black widow

PROGRAMM tot wenn er nach Hause kommt in der Küche auf dem Steinboden knien LIEBERGOTT MACH MICH FROMM WEIL ICH AUS DER HÖLLE KOMM den Kopf im Gasherd wenn du die Augen zumachst siehst du das Paradies wann kommt er das Gas hört sich an wie der Schnee aussah wenn der Mond schien nichttot wenn er nach Hause kommt den Kopf im Gasherd warum kommt er nicht der erste verbrannt mit dem Flugzeug den zweiten essen die Fische wenn er kommt wird er mich aufheben ich werde mich schwermachen wenn er mich ins Schlafzimmer trägt warum kommt er nicht mein Herz eine Faust die schlägt meine Rippen etwas will aus mir heraus das Fenster ein Kreuz für Papa ein Kreuz für Mama die Tür

2

Sie war tot, als er nach Hause kam. Sie lag in der Küche auf dem Steinboden, halb auf dem Bauch halb auf der Seite, ein Bein angewinkelt wie im Schlaf, der Kopf in der Nähe der Tür [UM 1975. HMW 2. DIE PROSA, S. 164]

In einer handschriftlichen Eintragung von Heiner Müller auf diesem Typoskript wird bereits der für den Text TODESANZEIGE konstitutive Zusammenhang zwischen dem Motiv der Selbsttötung und dem Tötungsgeschehen der Hühnergesicht-Episode vermerkt:

»andrer Versuch, story von woman aus zu schreiben / Unmöglichkeit (Gefühl der Brüste, der Vagina usw.) / Versuch //

Wunsch(dream) der Zurücknahme: / Messer (Bajonett) zurück – Blut über / Feldspaten – Brückensturz: –«)
[HMW 2. DIE PROSA, KOMMENTAR S. 206]

»Hühnergesicht« aus der TODESANZEIGE ist keine Fiktion. Nur, daß ich ihn nicht umgebracht habe. In meiner Erinnerung sind es Tage, die er durch eine ziemlich wüste, flache Gegend mit seinem Hühnergesicht hinter mir her lief. Wobei das relativ unwahrscheinlich ist, die Strecken waren nicht so groß. Ich hätte ihn umbringen können. Ich hatte Nietzsche gelesen und vor allem Dostojewski, »Raskolnikow«. Das Beil. Wie ich ihn in Wirklichkeit losgeworden bin, weiß ich nicht mehr.
[KRIEG OHNE SCHLACHT, S. 40; HMW 9. EINE AUTOBIOGRAPHIE, S. 30]

Ich erinnere mich, wie ich den letzten Abschnitt schrieb, die Stelle mit dem »Hühnergesicht«, meine erste Beschreibung eines Mordes in der ersten Person. Da war plötzlich ein merkwürdiger Unterschied zum Stückeschreiben. In einem Stück sind vierzig Morde kein Problem, aber plötzlich schreibe ich: »*Ich* erstach ihn.« Das war ein Schock, eine ganz andere Erfahrung. Ich hatte angefangen, das in der dritten Person zu schreiben, dann habe ich gemerkt, das ist kein Ausweg. Daher die abschreckende Wirkung auf viele, auch auf mich. Ich war erschrocken über das, was ich da schreibe, aber das gab mir nicht das Recht, es nicht zu schreiben.
[KRIEG OHNE SCHLACHT, S. 211; HMW 9. EINE AUTOBIOGRAPHIE, S. 165]

Im Typoskript »Wüsten der Liebe« [HMA 4167. ALS FAKSIMILE ABGEBILDET IM KATALOG ZUR AUSSTELLUNG »WER HAUST IN MEINER STIRN. FUNDSACHEN HEINER MÜLLER« DER STIFTUNG ARCHIV DER AKADEMIE DER KÜNSTE / HEINER MÜLLER ARCHIV. BERLIN 1998, S. 35-39] *steht bereits auch der erste Teil des Berichts vom Selbstmord in der Ich-Form, mit handschriftlichen Korrekturen von Heiner Müller, in denen er die Umschrift vom Ich zum Er ausführt. Heiner Müller 1981 im Gespräch mit Sylvère Lotringer:*

Ich möchte Widersprüche loswerden, und das ist mit dem Drama leichter zu machen. Ich machte eine sehr merkwürdige Erfahrung, als ich einen kurzen Prosatext schrieb, der vom Selbstmord meiner ehemaligen Frau handelte. Zuerst schrieb ich in der dritten Person: »Er kam nach Hause und sah ...« Dann wurde mir klar, daß das die Haltung eines Feiglings war, also ging ich zur Ichform über: »Ich kam nach Hause und sah sie ...« Ein anderer Teil des Textes ist eine Erinnerung vom Ende des Krieges. Ich war Kriegsgefangener in einem amerikanischen Lager in Schwerin. Ich war nur zwei Tage da. Es gelang mir, für meine Fleischration über den Zaun eine Ziviljacke einzutauschen. Ich zog sie an und ging zum Tor. Ich unterhielt mich mit dem amerikanischen Wachsoldaten, und er zeigte mir Fotos von seiner Familie und seinen Kindern. Ich unterhielt mich eine Weile mit ihm. Bald stand ich auf der anderen Seite des Tores. Ich schüttelte ihm die Hand und ging weg. Damit war der Krieg für mich vorbei. Dann war ich eine lange Zeit allein. Ich ging so über die Felder, als ich einen jungen deutschen Soldaten traf. Er war so alt wie ich, 16. Ich werde sein Gesicht nie vergessen. Er sah wie ein Huhn aus. Er hatte ein Hühnergesicht. Er hängte sich an mich. Er brauchte Gesellschaft. Er brauchte einen Führer. Es war schrecklich. Ich versuchte tagelang, ihn loszuwerden. Ich habe ihn sehr schlecht behandelt. Das war das erste Mal, daß ich jemanden töten wollte, nur um ihn loszuwerden. Er war so schwach, er schaute mich an wie ein Sklave. In dem Text über den Selbstmord meiner Frau versuchte ich auch, über diese Erfahrung zu schreiben. Ich beschrieb den Mord an diesem Jungen. Ich habe den Mord nicht wirklich begangen, aber in diesem Text tötete ich ihn dreimal. Es war ein sehr merkwürdiges Gefühl, einfach zu schreiben: »Ich nahm den Spaten und spaltete seinen Schädel; ich sah, wie das Blut spritzte.« Das ist eine ganz andere Art von Schreiberfahrung, als wenn man in einem Stück zehn Morde hat. Das ist viel persönlicher.

[Ich glaube an Konflikt. Sonst glaube ich an nichts. Heiner Müller und Sylvère Lotringer. Berlin/West, Anfang 1981. HMW 10. Gespräche 1, S. 208]

[7]
HAMLETDARSTELLER Ich bin nicht Hamlet. Ich spiele keine Rolle mehr. Meine Worte haben mir nichts mehr zu sagen. Meine Gedanken saugen den Bildern das Blut aus. Mein Drama findet nicht mehr statt. Hinter mir wird die Dekoration aufgebaut. Von Leuten, die mein Drama nicht interessiert, für Leute, die es nichts angeht. Mich interessiert es auch nicht mehr. Ich spiele nicht mehr mit.
Bühnenarbeiter stellen, vom Hamletdarsteller unbemerkt, einen Kühlschrank und drei Fernsehgeräte auf. Geräusch der Kühlanlage. Drei Programme ohne Ton.
Die Dekoration ist ein Denkmal. Es stellt in hundertfacher Vergrößerung einen Mann dar, der Geschichte gemacht hat. Die Versteinerung einer Hoffnung. Sein Name ist auswechselbar. Die Hoffnung hat sich nicht erfüllt. Das Denkmal liegt am Boden, geschleift drei Jahre nach dem Staatsbegräbnis des Gehaßten und Verehrten von seinen Nachfolgern in der Macht. Der Stein ist bewohnt. In den geräumigen Nasen- und Ohrlöchern, Haut- und Uniformfalten des zer-

trümmerten Standbilds haust die ärmere Bevölkerung der Metropole. Auf den Sturz des Denkmals folgt nach einer angemessenen Zeit der Aufstand. Mein Drama, wenn es noch stattfinden würde, fände in der Zeit des Aufstands statt. Der Aufstand beginnt als Spaziergang. Gegen die Verkehrsordnung während der Arbeitszeit. Die Straße gehört den Fußgängern. Hier und da wird ein Auto umgeworfen. Angsttraum eines Messerwerfers: Langsame Fahrt durch eine Einbahnstraße auf einen unwiderruflichen Parkplatz zu, der von bewaffneten Fußgängern umstellt ist. Polizisten, wenn sie im Weg stehn, werden an den Straßenrand gespült. Wenn der Zug sich dem Regierungsviertel nähert, kommt er an einem Polizeikordon zum Stehen. Gruppen bilden sich, aus denen Redner aufsteigen. Auf dem Balkon eines Regierungsgebäudes erscheint ein Mann mit schlecht sitzendem Frack und beginnt ebenfalls zu reden. Wenn ihn der erste Stein trifft, zieht auch er sich hinter die Flügeltür aus Panzerglas zurück. Aus dem Ruf nach mehr Freiheit wird der Schrei nach dem Sturz der Regierung. Man beginnt die Polizisten zu entwaffnen, stürmt zwei drei Gebäude, ein Gefängnis eine Polizeistation ein Büro der Geheimpolizei, hängt ein Dutzend Handlanger der Macht an den Füßen auf, die Regierung setzt Truppen ein, Panzer. Mein Platz, wenn mein Drama noch stattfinden würde, wäre auf beiden Seiten der Front, zwischen den Fronten, darüber. Ich stehe im Schweißgeruch der Menge und werfe Steine auf Polizisten Soldaten Panzer Panzerglas. Ich blicke durch die Flügeltür aus Panzerglas auf die andrängende Menge und rieche meinen Angstschweiß. Ich schüttle, von Brechreiz gewürgt, meine Faust gegen mich, der hinter dem Panzerglas steht. Ich sehe, geschüttelt von Furcht und Verachtung, in der andrängenden Menge mich, Schaum vor meinem Mund, meine Faust gegen mich schütteln. Ich hänge mein uniformiertes Fleisch an den Füßen auf. Ich bin der Soldat im Panzerturm, mein Kopf ist leer unter dem Helm, der erstickte Schrei unter den Ketten. Ich bin die Schreibmaschine. Ich knüpfe die Schlinge, wenn die Rädelsführer aufgehängt werden, ziehe den Schemel weg, breche mein Genick. Ich bin mein Gefangener. Ich füttere mit meinen Daten die Computer. Meine Rollen sind Speichel und Spucknapf Messer und Wunde Zahn und Gurgel Hals und Strick. Ich bin die Datenbank. Blutend in der Menge. Aufatmend hinter der Flügeltür. Wortschleim absondernd in meiner schalldichten Sprechblase über der Schlacht. Mein Drama hat nicht stattgefunden. Das Textbuch ist verlorengegangen. Die Schauspieler haben ihre Gesichter an den Nagel in der Garderobe gehängt. In seinem Kasten verfault der Souffleur. Die ausgestopften Pestleichen im Zuschauerraum bewegen keine Hand. Ich gehe nach Hause und schlage die Zeit tot, einig / Mit meinem ungeteilten Selbst.

[1977. PEST IN BUDA SCHLACHT UM GRÖNLAND, SZENE 4 AUS DIE HAMLETMASCHINE. HMW 4. DIE STÜCKE 2, S. 549-551]

[8]
DER MANN IM FAHRSTUHL

Ich stehe zwischen Männern, die mir unbekannt sind, in einem alten Fahrstuhl mit während des Aufstiegs klapperndem Metallgestänge. Ich bin gekleidet wie ein Angestellter oder wie ein Arbeiter am Feiertag. Ich habe mir sogar einen Schlips umgebunden, der Kragen scheuert am Hals, ich schwitze. Wenn ich den Kopf bewege, schnürt mir der Kragen den Hals ein. Ich habe einen Termin beim Chef (in Gedanken nenne ich ihn Nummer Eins), sein Büro ist in der vierten Etage, oder war es die zwanzigste; kaum denke ich darüber nach, schon bin ich nicht mehr sicher. Die Nachricht von meinem Termin beim Chef (den ich in Gedanken Nummer Eins nenne) hat mich im Kellergeschoß erreicht, einem ausgedehnten Areal mit leeren Betonkammern und Hinweisschildern für den Bombenschutz. Ich nehme an, es geht um einen Auftrag, der mir erteilt werden soll. Ich prüfe den Sitz meiner Krawatte und ziehe den Knoten fest. Ich hätte gern einen Spiegel, damit ich den Sitz der Krawatte auch mit den Augen prüfen kann. Unmöglich, einen Fremden zu fragen, wie dein Schlipsknoten sitzt. Die Krawatten der andern Männer im Fahrstuhl sitzen fehlerfrei. Einige von ihnen scheinen miteinander bekannt zu sein. Sie reden leise über etwas, wovon ich nichts verstehe. Immerhin muß ihr Gespräch mich abgelenkt haben: beim nächsten Halt lese ich auf dem Etagenanzeiger über der Fahrstuhltür mit Schrecken die Zahl Acht. Ich bin zu weit gefahren oder ich habe mehr als die Hälfte der Strecke noch vor mir. Entscheidend ist der Zeitfaktor. FÜNF MINUTEN VOR DER ZEIT / IST DIE WAHRE PÜNKTLICHKEIT. Als ich das letztemal auf meine Armbanduhr geblickt habe, zeigte sie Zehn. Ich erinnere mich an mein Gefühl der Erleichterung: noch fünfzehn Minuten bis zu meinem Termin beim Chef. Beim nächsten Blick war es nur fünf Minuten später. Als ich jetzt, zwischen der achten und neunten Etage wieder auf meine Uhr sehe, zeigt sie genau vierzehn Minuten und fünfundvierzig Sekunden nach der zehnten Stunde an: mit der wahren Pünktlichkeit ist es vorbei, die Zeit arbeitet nicht mehr für mich. Schnell überdenke ich meine Lage: ich kann beim nächsten möglichen Halt aussteigen und die Treppe hinunterlaufen, drei Stufen auf einmal, bis zur vierten Etage. Wenn es die falsche Etage ist, bedeutet das natürlich einen vielleicht uneinholbaren Zeitverlust. Ich kann bis zur zwanzigsten Etage weiterfahren und, wenn sich das Büro des Chefs dort nicht befindet, zurück in die vierte Etage, vorausgesetzt der Fahrstuhl fällt nicht aus, oder die Treppe hinunterlaufen (drei Stufen auf einmal), wobei ich mir die Beine brechen kann oder den Hals, gerade weil ich es eilig habe. Ich sehe mich schon auf einer Bahre ausgestreckt, die auf meinen Wunsch in das Büro des Chefs getragen und vor seinem Schreibtisch aufgestellt wird, immer noch dienstbereit, aber nicht mehr tauglich. Vorläufig spitzt sich alles auf die durch meine Fahrlässigkeit im voraus nicht beantwortbare Frage zu, in welcher Etage der Chef (den ich in Gedanken Nummer Eins nenne) mit einem wichtigen Auftrag auf mich wartet. (Es muß ein wichtiger Auftrag sein, warum sonst läßt er ihn nicht durch einen Untergebenen erteilen.) Ein schneller Blick auf die Uhr klärt mich unwiderlegbar über die Tatsache auf, daß es auch für die einfache Pünktlichkeit seit langem zu spät ist, obwohl unser Fahrstuhl, wie beim zweiten Blick zu sehn, die zwölfte Etage noch nicht erreicht hat: der Stundenzeiger steht auf Zehn, der Minutenzeiger auf Fünfzig, auf die Sekunden kommt es schon länger nicht mehr an. Mit meiner Uhr scheint etwas nicht zu stimmen, aber auch für einen Zeitvergleich ist keine Zeit mehr: ich bin, ohne daß ich bemerkt habe, wo die andern Herren ausgestiegen sind, allein im Fahrstuhl. Mit einem Grauen, das in meine Haarwurzeln greift, sehe ich auf meiner Uhr, von der ich den Blick jetzt nicht mehr losreißen kann, die Zeiger mit zunehmender Geschwindigkeit das Zifferblatt umkreisen, so daß zwischen Lidschlag und Lidschlag immer mehr Stunden vergehn. Mir wird klar, daß schon lange etwas nicht gestimmt hat: mit meiner Uhr, mit diesem Fahrstuhl, mit der Zeit. Ich verfalle auf wilde Spekulationen: die

Schwerkraft läßt nach, eine Störung, eine Art Stottern der Erdrotation, wie ein Wadenkrampf beim Fußball. Ich bedaure, daß ich von Physik zu wenig weiß, um den schreienden Widerspruch zwischen der Geschwindigkeit des Fahrstuhls und dem Zeitablauf, den meine Uhr anzeigt, in Wissenschaft auflösen zu können. Warum habe ich in der Schule nicht aufgepaßt. Oder die falschen Bücher gelesen: Poesie statt Physik. Die Zeit ist aus den Fugen und irgendwo in der vierten oder in der zwanzigsten Etage (das Oder schneidet wie ein Messer durch mein fahrlässiges Gehirn) wartet in einem wahrscheinlich weitläufigen und mit einem schweren Teppich ausgelegten Raum hinter seinem Schreibtisch, der wahrscheinlich an der hinteren Schmalseite des Raumes dem Eingang gegenüber aufgestellt ist, mit meinem Auftrag der Chef (den ich in Gedanken Nummer Eins nenne) auf mich Versager. Vielleicht geht die Welt aus dem Leim und mein Auftrag, der so wichtig war, daß ihn der Chef mir in Person erteilen wollte, ist schon sinnlos geworden durch meine Fahrlässigkeit. GEGENSTANDSLOS in der Sprache der Ämter, die ich so gut gelernt habe (überflüssige Wissenschaft!), BEI DEN AKTEN, die niemand mehr einsehen wird, weil er gerade die letzte mögliche Maßnahme gegen den Untergang betraf, dessen Beginn ich jetzt erlebe, eingesperrt in diesen verrückt gewordenen Fahrstuhl mit meiner verrückt gewordenen Armbanduhr. Verzweifelter Traum im Traum: ich habe die Fähigkeit, einfach indem ich mich zusammenrolle, meinen Körper in ein Geschoß zu verwandeln, das die Decke des Fahrstuhls durchschlagend die Zeit überholt. Kaltes Erwachen im langsamen Fahrstuhl zum Blick auf die rasende Uhr. Ich stelle mir die Verzweiflung von Nummer Eins vor. Seinen Selbstmord. Sein Kopf, dessen Porträt alle Amtsstuben ziert, auf dem Schreibtisch. Blut aus einem schwarzrandigen Loch in der (wahrscheinlich rechten) Schläfe. Ich habe keinen Schuß gehört, aber das beweist nichts, die Wände seines Büros sind natürlich schalldicht, mit Zwischenfällen ist beim Bau gerechnet worden und was im Büro des Chefs geschieht, geht die Bevölkerung nichts an, die Macht ist einsam. Ich verlasse den Fahrstuhl beim nächsten Halt und stehe ohne Auftrag, den nicht mehr gebrauchten Schlips immer noch lächerlich unter mein Kinn gebunden, auf einer Dorfstraße in Peru. Trockener Schlamm mit Fahrspuren. Auf beiden Seiten der Straße greift eine kahle Ebene mit seltenen Grasnarben und Flecken von grauem Gebüsch undeutlich nach dem Horizont, über dem ein Gebirge im Dunst schwimmt. Links von der Straße ein Barakkenbau, er sieht verlassen aus, die Fenster schwarze Löcher mit Glasresten. Vor einer Plakatwand mit Reklamen für Produkte einer fremden Zivilisation stehen zwei riesige Einwohner. Von ihren Rücken geht eine Drohung aus. Ich überlege, ob ich zurückgehen soll, noch bin ich nicht gesehen worden. Nie hätte ich gedacht, während meines verzweifelten Aufstiegs zum Chef, daß ich Heimweh nach dem Fahrstuhl empfinden könnte, der mein Gefängnis war. Wie soll ich meine Gegenwart in diesem Niemandsland erklären. Ich habe keinen Fallschirm vorzuweisen, kein Flugzeug oder Autowrack. Wer kann mir glauben, daß ich aus einem Fahrstuhl nach Peru gelangt bin, vor und hinter mir die Straße, von der Ebene flankiert, die nach dem Horizont greift. Wie soll überhaupt eine Verständigung möglich sein, ich kenne die Sprache dieses Landes nicht, ich könnte genausogut taubstumm sein. Besser ich wäre taubstumm: vielleicht gibt es Mitleid in Peru. Mir bleibt nur die Flucht ins hoffentlich Menschenleere, vielleicht vor einem Tod in einen andern, aber ich ziehe den Hunger dem Messer des Mörders vor.

Mittellos mich freizukaufen bin ich in jedem Fall, mit meiner geringen Barschaft in der fremden Währung. Nicht einmal im Dienst zu sterben ist mir vom Schicksal vergönnt, meine Sache ist eine verlorene Sache, Angestellter eines gestorbenen Chefs der ich bin, mein Auftrag beschlossen in seinem Gehirn, das nichts mehr herausgibt, bis die Tresore der Ewigkeit geöffnet werden, um deren Kombination die Weisen der Welt sich abmühn, auf dieser Seite des Todes. Hoffentlich nicht zu spät löse ich meinen Schlipsknoten, dessen korrekter Sitz mich so viel Schweiß gekostet hat auf meinem Weg zum Chef, und lasse das auffällige Kleidungsstück in meiner Jacke verschwinden. Beinahe hätte ich es weggeworfen, eine Spur. Im Umdrehn sehe ich zum erstenmal das Dorf; Lehm und Stroh, durch eine offne Tür eine Hängematte. Kalter Schweiß bei dem Gedanken, ich könnte von dort aus beobachtet worden sein, aber ich kann kein Zeichen von Leben ausmachen, das einzig Bewegte ein Hund, der in einem qualmenden Müllhaufen wühlt. Ich habe zu lange gezögert: die Männer lösen sich von der Plakatwand und kommen schräg über die Straße auf mich zu, zunächst ohne mich anzusehn. Ich sehe die Gesichter über mir, undeutlich schwarz das eine, die Augen weiß, der Blick nicht auszumachen: die Augen sind ohne Pupillen. Der Kopf des andern ist aus grauem Silber. Ein langer ruhiger Blick aus Augen, deren Farbe ich nicht bestimmen kann, etwas Rotes schimmert darin. Durch die Finger der schwer herabhängenden rechten Hand, die ebenfalls aus Silber zu bestehen scheint, läuft ein Zucken, die Blutbahnen leuchten aus dem Metall. Der Silberne geht hinter mir vorbei dem Schwarzen nach. Meine Angst verfliegt und macht einer Enttäuschung Platz: bin ich nicht einmal ein Messer wert oder den Würgegriff von Händen aus Metall. Lag in dem ruhigen Blick, der fünf Schritte lang auf mich gerichtet war, nicht etwas wie Verachtung. Worin besteht mein Verbrechen. Die Welt ist nicht untergegangen, vorausgesetzt, das hier ist keine andre Welt. Wie erfüllt man einen unbekannten Auftrag. Was kann mein Auftrag sein in dieser wüsten Gegend jenseits der Zivilisation. Wie soll der Angestellte wissen, was im Kopf des Chefs vorgeht. Keine Wissenschaft der Welt wird meinen verlorenen Auftrag aus den Hirnfasern des Verewigten zerrn. Mit ihm wird er begraben, das Staatsbegräbnis, das vielleicht jetzt schon seinen Gang nimmt, garantiert die Auferstehung nicht. Etwas wie Heiterkeit breitet sich in mir aus, ich nehme die Jacke über den Arm und knöpfe das Hemd auf: mein Gang ist ein Spaziergang. Vor mir läuft der Hund über die Straße, eine Hand quer in der Schnauze, die Finger sind mir zugekehrt, sie sehn verbrannt aus. Mit einer Drohung, die nicht mich meint, kreuzen junge Männer meinen Weg. Wo die Straße in die Ebene ausläuft, steht in einer Haltung, als ob sie auf mich gewartet hat, eine Frau. Ich strecke die Arme nach ihr aus, wie lange haben wir keine Frau berührt, und höre eine Männerstimme sagen DIESE FRAU IST DIE FRAU EINES MANNES. Der Ton ist endgültig und ich gehe weiter. Als ich mich umsehe, streckt die Frau die Arme nach mir aus und entblößt ihre Brüste. Auf einem grasüberwachsenen Bahndamm basteln zwei Knaben an einer Kreuzung aus Dampfmaschine und Lokomotive herum, die auf einem abgebrochenen Gleis steht. Ich Europäer sehe mit dem ersten Blick, daß ihre Mühe verloren ist: dieses Fahrzeug wird sich nicht bewegen, aber ich sage es den Kindern nicht, Arbeit ist Hoffnung, und gehe weiter in die Landschaft, die keine andre Arbeit hat als auf das Verschwinden des Menschen zu warten. Ich weiß jetzt meine Bestimmung. Ich werfe meine Kleider ab, auf das Äußere kommt es nicht mehr an. Irgendwann wird DER ANDERE mir entgegenkommen, der Antipode, der Doppelgänger mit meinem Gesicht aus Schnee. Einer von uns wird überleben.

[1978/79. DER AUFTRAG. ERINNERUNG AN EINE REVOLUTION. HMW 5. DIE STÜCKE 3, S. 27-33. AUCH SEPARAT UNTER DEM TITEL: DER MANN IM FAHRSTUHL IN: HMW 2. Prosa, S. 104-110]

In seiner AUTOBIOGRAPHIE berichtet Heiner Müller von einem Traumprotokoll, das Eingang gefunden habe in seinen Text DER MANN IM FAHRSTUHL – eine Traumszene aus seinem Stück DER AUFTRAG, das nach Motiven von Anna Seghers' Erzählung »Das Licht auf dem Galgen« entstanden ist, die Heiner Müller 1958 gelesen hatte und deren Motive er zunächst in einem Gedicht verarbeitet hat:

MOTIV BEI A. S.

Debuisson auf Jamaika
Zwischen schwarzen Brüsten
In Paris Robespierre
Mit zerbrochenem Kinn.
Oder Jeanne d'Arc als der Engel ausblieb
Immer bleiben die Engel aus am Ende
FLEISCHBERG DANTON KANN DER STRASSE
KEIN FLEISCH GEBEN
SEHT SEHT DOCH DAS FLEISCH AUF DER
STRASSE
JAGD AUF DAS ROTWILD IN DEN GELBEN
SCHUHN.
Christus. Der Teufel zeigt ihm die Reiche der Welt
WIRF DAS KREUZ AB UND ALLES IST DEIN.

In der Zeit des Verrats
Sind die Landschaften schön.
[HMW 1. DIE GEDICHTE, S. 45]

*An der Seghers-Geschichte interessierte Müller »vor allem das Motiv des Verrats«. Er hat sein Stück auch als »Bergpredigt des Verrats« bezeichnet. Der Fahrstuhltext war einem Typoskript aus dem Nachlaß zufolge Debuisson zugeordnet (*Debuisson träumt*), wobei auf dem Typoskript die Notiz vermerkt war:*

»(film) Fahrstuhl nach Peru Der vergessene (verlorene) Auftrag (Bilder: CheGuevara dead)«
[KOMMENTAR ZU DER AUFTRAG IN: HMW 5. DIE STÜCKE 3, S. 316]

Das für DER MANN IM FAHRSTUHL relevante Traumgeschehen spielte sich 1977 während seiner zweiten Amerikareise ab, die er mit seiner damaligen Frau Ginka Tscholakowa unternahm, auf einem Abstecher von Kalifornien nach Puerto Rico und Mexiko:

Der 2. Teil des FAHRSTUHL-Texts in dem Stück ist ein Traumprotokoll, der Traum das Produkt eines Nachtgangs von einem abgelegenen Dorf zur Hauptverkehrsstraße nach Mexico City, auf einem Feldweg zwischen Kakteenfeldern, kein Mond, kein Taxi. Ab und zu tauchten dunkle Gestalten wie von Goya-Bildern auf, gingen an uns vorbei, manchmal mit Taschenlampen, auch mit Kerzen: Ein Angst-Gang durch die dritte Welt.
Die andere Erfahrung, die der Text aufnimmt, war mein Bittgang zu Honecker im Gebäude des Zentralkomitees, der Aufstieg mit dem Paternoster. In jeder Etage saß dem Paternoster gegenüber ein Soldat mit Maschinenpistole. Das

Gebäude des Zentralkomitees war ein Hochsicherheitstrakt für die Gefangenen der Macht.

[Krieg ohne Schlacht, S. 297 f.; HMW 9. Eine Autobiographie, S. 233]

In einem umfänglichen Typoskript, das Heiner Müller für die Endredaktion seiner AUTOBIOGRAPHIE als Vorlage diente (insbesondere für Kürzungen), haben beide Episoden, die Eingang fanden in sein Stück DER AUFTRAG, eine noch plastischere Gestalt:

Die ersten Sätze sind in Mexiko geschrieben. Den Plan gab es aber schon seit 1958. Erst in Mexiko fiel mir die Dramaturgie ein, ganz wesentlich durch eine Situation: Der Fahrstuhl-Text in dem Stück, das war einerseits ein wirklicher Traum, nur daß in dem Traum Peru ein Dorf in Bulgarien war und Bulgarien paßte nicht rein. Der Traum ist exakt so, wie ich ihn geträumt habe – in allen Details. Er basierte aber auf einem Erlebnis in Puerto Rico: Wir wollten die angeblich einzige von Indianern ausgemalte Kirche in einem Dorf bei Mexco-City, fünfzig Kilometer entfernt, ansehen und fuhren dort mit einem Bus hin, einen langen Weg durch Kakteen. Schließlich kamen wir in das Dorf, in der die Kirche stand. Die Kirche war zu. Wir haben Kinder gefragt, wo der Mann sei, der zuständig ist. Die Kinder sagten »cuanto«, »cuanto«. Wir haben ihnen dann Geld gegeben, die rannten los, den Mann holen. Er kam dann auch und schloß uns die Kirche auf. Es gab merkwürdige Gespräche vor der Kirche. Mehrere Leute kamen, die mit uns reden wollten. Ich hatte immer einen guten Stand in Mexiko wegen Müller – Gerd Müller. Und immer fragte man mich, ob ich Gerd Müller bin. Und ich sagte: »Das ist mein Bruder.« Dann war alles in Ordnung. Wir hatten es wirklich gut in Mexiko. Wir redeten lange, haben auch was getrunken, die Leute waren sehr interessiert an Europa, Politik und so weiter. Es wurde spät, und dann gab es natürlich kein Auto, kein Taxi. Wir mußten zu Fuß zurück zur Hauptstraße. Es wurde ganz schnell dunkel, und wir gingen einen von Kakteen besäumten Feldweg entlang, ab und zu tauchten dunkle Gestalten wie von Goya-Bildern auf, manchmal mit Taschenlampen, auch Kerzen leuchteten zwischendurch. Es war ein richtiger Angst-Gang. Das ist eine wichtige Grundlage für die Geschichte. Irgendwann haben wir auf der Hauptstraße ein Taxi bekommen. Vorher sind wir aber eine Stunde durch die Nacht geirrt, es war auch kein Mond am Himmel, man sah nichts außer dunklen Gestalten mit ihren Lichtern.

[Typoskript Autobiographie HMA 4487, S. 413-415. Auszüge zitiert Hauschild in seiner Müller-Biographie S. 361 f., allerdings aus einer etwas umfangreicheren Typoskript-Fassung im Verlagsarchiv Kiepenheuer & Witsch, Köln]

[9]

Gestern habe ich geträumt, daß ich durch New York ging. Die Gegend war verfallen und von Weißen nicht bewohnt. Vor mir auf dem Gehsteig stand eine goldne Schlange auf, und als ich über die Straße ging, beziehungsweise durch den Dschungel aus kochendem Metall, der die Straße war, auf dem andern Gehsteig eine andre Schlange. Sie war leuchtend blau. Ich wußte im Traum: die goldene Schlange ist Asien, die blaue Schlange, das ist Afrika. Beim Erwachen vergaß ich es wieder. Wir sind drei Welten. Warum weiß ich es jetzt ...

[1979. Der Auftrag. Erinnerung an eine Revolution. HMW 5. Die Stücke 3, S. 38 f. Auch als Teil 2 unter dem Titel: New York oder das eiserne Gesicht der Freiheit, in: HMW 8. Schriften, S. 328]

Auch dieser Erzählung des Debuisson aus dem Stück DER AUFTRAG *liegt ein Traum Heiner Müllers zugrunde, ob, wie* HAUSCHILD *[S. 362] vermutet, »unter Drogeneinfluß (Müller nahm gelegentlich Marihuana, ab und zu Kokain, einmal LSD)«, bleibe dahingestellt:*

Dream – (an)strahlend / goldene / dto. / dann (or revised) blaue / Schlange auf dem Geh- / steig einer (kleinen, Paris / nach NY) europäischen / Stadt [HMA 5327]

Die Stelle mit New York ist auch ein Traum, die zwei Schlangen. Das habe ich sogar unmittelbar in New York geträumt, ganz genau so und mit diesen zwei Schlangen. Das lag aber daran, daß ich vorher in San Francisco gewesen war. Das hat sich mir sehr eingeprägt. Dort gab es ein Museum mit Mineralien aus allen Kontinenten. Die Mineralien aus Afrika hatten ein merkwürdiges Blau, das spielte auch eine Rolle für die blaue Schlange.

[TYPOSKRIPT AUTOBIOGRAPHIE HMA 4487, S. 416]

[10]
DIE EINSAMKEIT DES FILMS

Für Syberberg

BLUTWURST SPRACH ZU LEBERWURST ÜBERMORGEN HOL ICH DER FRAU KÖNIGIN IHR KIND HÄTT ICH DICH SO WOLLT ICH DICH RUCKEDIGUH BLUT IST IM SCHUH ACH WIE GUT DASS NIEMAND WEISS DASS ICH RUMPELSTILZCHEN HEISS OH DU FALLADAH DA DU HANGEST.

Ich bewege mich, ohne sie zu berühren, eine Steilwand ohne Anfang und Ende hinauf. Meine Bewegung ist gleichmäßig, mehr ein Schweben als ein Flug. Ich weiß nicht, ob die Höhe mich ansaugt oder etwas in der Höhe oder ein Wind aus der Tiefe mich treibt. Nichts von Flügelschlägen. Vielleicht bin ich nur ein Auge, das an einem mir unbekannten Flugkörper befestigt ist, in der Luft gehalten von einer mir unbekannten Kraft. Ein Auge mit verbranntem Lid: mein Schlaf ist in den Feuern. Eine ausgespannte Netzhaut. Mein Weg nach oben ist ein Weg in die Vergangenheit, der Abgrund unter mir heißt Zukunft. Was ich suche, ist die Blutspur der VERGESSENEN AHNEN. Übrigens kann von oben oder unten, von Vergangenheit und/oder Zukunft keine Rede sein, der Raum hat keine Richtung in der Zeit. Warum sonst bewege ich mich manchmal schräg zur Steilwand, manchmal in der Rükkenlage, die Wand über mir. Genau genommen weiß ich nicht einmal, ob mein Traum-Ich sich bewegt, beziehungsweise der Körper, den es für diesmal bewohnt, oder die Felswand mit den Schulterabdrücken der AHNEN (es sind Abdrücke von rechten Schultern, die AHNEN müssen Linkshänder gewesen sein, SCHILDARM SCHWERTARM) in der Kalkfarbe von Vogelkot (UND DEN FLUSS HINAUF HINUNTER ZIEHN DIE SCHATTEN TAPFERER GOTEN / DIE DEN ALARICH BEWEINEN IHRES VOLKES BESTEN TOTEN), oder ob zwei Bewegungen gegeneinander ablaufen, schnelle Felswand gegen langsames Ich oder schnelles Ich gegen langsame Felswand. Welche Kraft hat diese Schultern in den Stein gedrückt? Ich möchte meine Hand in die Schrunden legen, aber mich hält die unaufhörliche Bewegung in der Flugbahn, nah genug am Stein, um jeden Riß zu sehn, zu weit entfernt für die Berührung. ICH BIN DER ENGEL DES VATERLANDS MEINE LIEBE GEHÖRT DEN TOTEN.

Die Bewegung des Traum-Ichs auf der Spur der VERGESSENEN AHNEN oder, davon nicht unterscheidbar, der im Raum versteinten Zeit vor dem suchenden Auge ist die Kamerabewegung in den Filmen Syberbergs. Das Vergessen trägt den Namen Hitler, der die Landschaft der deutschen Geschichte kolonisiert. Der Film unternimmt die Wiedereroberung des besetzten Geländes. Das geträumte Ich ist kollektiv, die Engel des Vaterlands sind nekrophil, die Mythen der Völker leben im Kitsch, dem Kot ihrer Wappentiere. Die linke Antwort auf die Ausbeutung der Träume war ihre Entmündigung. Unter Kuratel gestellt verrotten sie zum Reservoir der Rechten. Syberbergs *Hitler* ist ein Exorzismus. Die Ent-Teufelung des wild gewordenen Handlangers, indem seine Macht auf die Verführung, sein Verbrechen auf einen Irrtum in der Geografie zurückgeführt wird, ordnet das Tausendjährige Reich als weißglühende Episode in den Kontext der Kolonialgeschichte des vielhundertjährigen kapitalistischen Weltkriegs ein. *Hitler – ein Film aus Deutschland* beendet den Alptraum der Klassenversöhnung, der als Morgenrot des Faschismus und Götterdämmerung der Revolution in *Metropolis* aufscheint. Mit der Illusion des Horizonts fällt die Lüge der Fiktion, die Aushöhlung der Chronologie drängt das Erzählen in die Oberfläche, der Einbruch der dritten Welt in die Geschichte treibt den Konflikten die Qualität aus. Syberberg leistet Sterbehilfe am Krankenbett des Spielfilms, indem er sein Material in die Vertikale zwingt: Sargdeckel werden aufgesprengt wie Gesteinsschichten. Im Rauchvorhang der Kollision von Kino und Theater, Wagner und Brecht, bildet sich eine mobile Architektur heraus, das Protoplasma des Gesamtkunstwerks. Das Ende der Traumfabrik: die Einsamkeit des Films. Allein mit der Leinwand, nehmen die Bilder in den Träumen Platz. Der Gestus ist die Ausschweifung. Das unendliche Sprechen gegen den Tod, Sprache als Beschwörung des Revolvers, der auf den Sprecher gerichtet ist. Der Dialog mit dem Mörder darf nicht abreißen, bis die Polizei kommt, der Clinch mit dem Bösen muß ausgehalten werden bis zur Erscheinung des Messias. Die Angst des Humanisten, der Messias könnte mit der Polizei identisch sein, wirft blinde Flecken auf den politischen Atlas. Die Befreiung der Toten wird uns aus dem anderen Tod nicht heraushalten, der die Auferstehung der Lebendigen ist. Der Engel der Revolution wohnt auf den Friedhöfen nur so lange, bis er seinen Flug antritt.

[1980. HMW 8. SCHRIFTEN, S. 235-237]

Neben der Drogenerfahrung, die in diesem Text manifest wird, vgl. Kommentar zu THRAKISCHER SOMMER *[S. 192 f.], dokumentiert der Text über Syberberg Heiner Müllers Überzeugung, daß man »jetzt nicht so schreiben kann wie vor Einstein«. Müller hat dies in einem Gespräch dargestellt, indem er eine Passage aus dem Buch »Das Weltbild der Physik und ein Versuch seiner philosophischen Deutung« von Arthur S. Eddington (Vieweg, Braunschweig 1931) zitiert:*

Das muß man vielleicht vorlesen, das ist das Einfachste. Es wird beschrieben in einem Buch von einem Herrn namens Eddington, »Weltbild der Physik«, wie ein Physiker ein Zimmer betritt. »Ich stehe auf der Türschwelle, im Begriffe, mein Zimmer zu betreten. Das ist ein kompliziertes Unternehmen. Erstens muß ich gegen die Atmosphäre ankämpfen, die mit einer Kraft von 1 Kilogramm auf jeden Quadratzentimeter meines Körpers drückt. Ferner muß ich auf einem Brett zu landen versuchen, das mit einer Geschwindigkeit von 30 Kilometern in der Sekunde um die Sonne fliegt; nur den Bruchteil einer Sekunde Verspätung, und das Brett ist bereits meilenweit entfernt. Und dieses Kunststück muß fertiggebracht werden, während ich an einem kugelförmigen Planeten hänge, mit dem Kopf nach außen in den Raum hinein. Und ein Ätherwind von Gott weiß welcher Geschwindigkeit durch alle Poren meines Körpers bläst. Auch hat das Brett keine feste Substanz. Darauftreten heißt auf einen Fliegenschwarm treten. Werde ich nicht hindurchfallen? Nein, denn wenn ich es wage und darauftrete, so trifft mich eine der Fliegen und gibt mir einen Stoß nach oben; ich falle wieder und werde von einer anderen Fliege nach oben geworfen, und so geht es fort. Ich darf also hoffen, das Gesamtresultat werde sein, daß ich dauernd ungefähr auf gleicher Höhe bleibe. Sollte ich aber unglücklicherweise trotzdem durch den Fußboden hindurchfallen oder so heftig emporgestoßen werden, daß ich bis zur Decke fliege, so würde dieser Unfall keine Verletzung der Naturgesetze, sondern nur ein außerordentlich unwahrscheinliches Zusammentreffen von Zufällen sein ... Wahrlich, es ist leichter, daß ein Kamel durch ein Nadelöhr gehe, denn daß ein Physiker eine Türschwelle überschreite. Handle es sich um ein Scheunentor oder einen Kirchturm, vielleicht wäre es weiser, er fände sich damit ab, nur ein gewöhnlicher Mensch zu sein, und ginge einfach hindurch, anstatt zu warten, bis alle Schwierigkeiten sich gelöst haben, die mit einem wissenschaftlich einwandfreien Eintritt verbunden sind.« Man kann's auch so formulieren. Man muß einfach jetzt ungeheuer viel mehr vergessen, um noch so zu schreiben wie vorher. Und die Frage ist, ob es sich lohnt oder ob es gut ist, das zu vergessen oder ob es nicht besser ist, das alles mitzunehmen und trotzdem in das Zimmer einzutreten. Das wäre das Ideale oder was der Kleist auch meint, im Schluß von »Marionettentheater«. Man kann nicht so tun, als ob man den Apfel nicht gegessen hat.

[Ich bin ziemlich sicher, dass der Brecht ... Heiner Müller, Gottfried Fischborn und Gerda Baumbach. Berlin/Ost, 24. 9. 1976. HMW 10. Gespräche 1, S. 689 f.]

[11]

ICH GLAUBE NICHT AN DIE WIRKLICHKEIT

ICH GLAUBE NICHT AN DIE WIRKLICHKEIT sagt der Bärtige Wiener, das Kastriermesser Gottes, Schwellfuß der Tyrann, EIN FUSS IST KEIN FUSS IST DER UNAUSSPRECHLICHE IST DER PAPA, bevor er absäuft in der Flut der Bilder, die ihm das Maul stopft, der Imperialist COCKS(PL)UCKING $^{P}_{M}A^{M}_{P}A$

DER LIEBE ZAUBERHAFTESTE BELOHNUNG
IST EINE EIGNE ABGESCHLOSSENE WOHNUNG*

Aber im Hintergrund sägt der Eiserne Bischof die Kotsäulen des Tempels an

A LOT OF PEOPLE WON'T GET NO SUPPER TONIGHT
A LOT OF PEOPLE WON'T GET NO JUSTICE TONIGHT**

TOD DER HEILIGEN FAMILIE während der Große Masturbator, von den unwissenden Eingeborenen Daddy Longhair genannt, seinen bedrohten Pimmel in ein Projektil verwandelt, frei schwebend zur letzten Ejakulation VÖLKER

SCHEUT DIE KANÜLE ${}^{P}_{M}A{}^{M}_{P}A$ WO IST DEIN SIEG. Am Ende singen sie dreistimmig KOT SCHWEISS BLUT das Veilchenlied.

Aufschub als Lebensform
(Aus zwei Gräbern in London fahren zwei haarige Zeigefinger HAST DU AUFSCHUB GESAGT KANNIBALE.)

Traum von der eckigen Ausländerin und der kopflosen Puppe, die, bevor es auf offener Straße dem Kubismus geopfert wurde, ihr (weibliches) Kind war

* Schlagertext weiß
** Schlagertext schwarz

[1980. HMW 8. SCHRIFTEN, S. 238 f.]

[12]
VERKOMMENES UFER

See bei Straußberg Verkommenes Ufer Spur
Flachstirniger Argonauten

Schilfborsten Totes Geäst
DIESER BAUM WIRD MICH NICHT ÜBERWACHSEN
  Fischleichen
Glänzen im Schlamm Keksschachteln Kothaufen FROMMS
  ACT CASINO
Die zerrissenen Monatsbinden Das Blut
Der Weiber von Kolchis
ABER DU MUSST AUFPASSEN JA
JA JA JA JA

SCHLAMMFOTZE SAG ICH ZU IHR DAS IST MEIN
MANN
STOSS MICH KOMM SÜSSER
Bis ihm die Argo den Schädel zertrümmert das nicht mehr
gebrauchte
Schiff
Das im Baum hängt Hangar und Kotplatz der Geier
im Wartestand

Sie hocken in den Zügen Gesichter aus Tagblatt und Speichel
Starrn jeder in der Hose ein nacktes Glied auf gelacktes
Fleisch Rinnstein der drei Wochenlöhne kostet Bis der Lack
Aufplatzt Ihre Weiber stellen das Essen warm hängen die
Betten in die Fenster bürsten
Das Erbrochene aus dem Sonntagsanzug Abflußrohre
Kinder ausstoßend in Schüben gegen den Anmarsch der
Würmer
Schnaps ist billig
Die Kinder pissen in die leeren Flaschen
Traum von einem ungeheuren
Beischlaf in Chikago
Blutbeschmierte Weiber
In den Leichenhallen

Die Toten starren nicht ins Fenster
Sie trommeln nicht auf dem Abort
Das sind sie Erde von den Überlebenden beschissen
EINIGE HINGEN AN LICHTMASTEN ZUNGE HERAUS
VOR DEM BAUCH DAS SCHILD ICH BIN EIN
FEIGLING

Auf dem Grund aber Medea den zerstückten
Bruder im Arm Die Kennerin
Der Gifte

[1981/82. Verkommenes Ufer Medeamaterial Landschaft mit Argonauten. HMW 5. Die Stücke 3, S. 73 f.]

[13]

LANDSCHAFT MIT ARGONAUTEN

Soll ich von mir reden Ich wer
Von wem ist die Rede wenn
Von mir die Rede geht Ich Wer ist das
Im Regen aus Vogelkot Im Kalkfell
Oder anders Ich eine Fahne ein
Blutiger Fetzen ausgehängt Ein Flattern
Zwischen Nichts und Niemand Wind vorausgesetzt
Ich Auswurf eines Mannes Ich Auswurf
Einer Frau Gemeinplatz auf Gemeinplatz Ich Traumhölle
Die meinen Zufallsnamen trägt Ich Angst
Vor meinem Zufallsnamen
MEIN GROSSVATER WAR
IDIOT IN BÖOTIEN
Ich meine Seefahrt
Ich meine Landnahme Mein
Gang durch die Vorstadt Ich Mein Tod
Im Regen aus Vogelkot Im Kalkfell
Der Anker ist die letzte Nabelschnur
Mit dem Horizont vergeht das Gedächtnis der Küste
Vögel sind ein Abschied Sind ein Wiedersehn
Der geschlachtete Baum pflügt die Schlange das Meer
Dünn zwischen Ich und NichtmehrIch die Schiffswand
SEEMANNSBRAUT IST DIE SEE

Die Toten sagt man stehen auf dem Grund
Aufrechte Schwimmer Bis die Knochen ruhn
Paarung der Fische im ausgeweideten Brustkorb
Muscheln am Schädeldach
Durst ist Feuer
Wasser heißt was auf der Haut brennt
Hunger kaut das Zahnfleisch Salz die Lippen
Zoten stacheln das einsame Fleisch
Bis der Mann nach dem Mann greift
Frauenwärme ist ein Singsang
Die Sterne sind kalte Wegweiser
Der Himmel übt eisige Aufsicht
Oder die glücklose Landung Gegen das Meer zischt
Der Knall der Bierdosen
AUS DEM LEBEN EINES MANNES
Erinnerung an eine Panzerschlacht
Mein Gang durch die Vorstadt Ich
Zwischen Trümmern und Bauschutt wächst
DAS NEUE Fickzellen mit Fernheizung
Der Bildschirm speit Welt in die Stube
Verschleiß ist eingeplant Als Friedhof
Dient der Container Gestalten im Abraum
Eingeborne des Betons Parade
Der Zombies perforiert von Werbespots
In den Uniformen der Mode von gestern vormittag
Die Jugend von heute Gespenster
Der Toten des Krieges der morgen stattfinden wird
WAS BLEIBT ABER STIFTEN DIE BOMBEN
In der prachtvollen Paarung von Eiweiß und Dosenblech
Die Kinder entwerfen Landschaften aus Müll
Eine Frau ist der gewohnte Lichtblick
ZWISCHEN DEN SCHENKELN HAT

DER TOD EINE HOFFNUNG
Oder der Jugoslawische Traum
Zwischen zerbrochnen Statuen auf der Flucht
Vor einer unbekannten Katastrophe
Die Mutter im Schlepptau die Alte mit dem Tragholz
Im rostigen Harnisch läuft DIE ZUKUNFT mit
Ein Rudel Schauspieler passiert im Gleichschritt
MERKT IHR NICHT DASS SIE GEFÄHRLICH SIND ES SIND
SCHAUSPIELER JEDES STUHLBEIN LEBT EIN HUND
Wortschlamm aus meinem
Verlassenen Niemandsleib
Wie herausfinden aus dem Gestrüpp
Meiner Träume das um mich herum
Ohne Laut langsam zuwächst
Ein Fetzen Shakespeare
Im Paradies der Bakterien
Der Himmel ist ein Handschuh auf der Jagd
Maskiert mit Wolken unbekannter Bauart
Rast auf dem toten Baum Die Leichenschwestern
Meine Finger spielen in der Scheide
Nachts im Fenster zwischen Stadt und Landschaft
Sahn wir dem langsamen Sterben der Fliegen zu
So stand Nero über Rom im Hochgefühl
Bis der Wagen vorfuhr Sand im Getriebe
Ein Wolf stand auf der Straße als er auseinanderbrach
Busfahrt im Morgengrauen Rechts und links
Die Schwestern dampfend unter dem Kleid Der Mittag
Stäubte ihre Asche auf mein Fell
Während der Fahrt hörten wir die Leinwand reißen
Und sahn die Bilder ineinander stürzen
Die Wälder brannten in EASTMAN COLOR

Aber die Reise war ohne Ankunft NO PARKING
An der einzigen Kreuzung mit einem Auge
Regelte Polyphem den Verkehr
Unser Hafen war ein totes Kino
Auf der Leinwand verfaulten die Stars in Konkurrenz
Im Kassenraum würgte Fritz Lang Boris Karloff
Der Südwind spielte mit alten Plakaten
ODER DIE GLÜCKLOSE LANDUNG Die toten Neger
Wie Pfähle in den Sumpf gerammt
In den Uniformen ihrer Feinde
DO YOU REMEMBER DO YOU NO I DONT
Das getrocknete Blut
Qualmt in der Sonne
Das Theater meines Todes
War eröffnet als ich zwischen den Bergen stand
Im Kreis der toten Gefährten auf dem Stein
Und über mir erschien das erwartete Flugzeug
Ohne Gedanken wußte ich
Diese Maschine war
Was meine Großmütter Gott genannt hatten
Der Luftdruck fegte die Leichen vom Plateau
Und Schüsse knallten in meine torkelnde Flucht
Ich spürte MEIN Blut aus MEINEN Adern treten
Und MEINEN Leib verwandeln in die Landschaft
MEINES Todes
IN DEN RÜCKEN DAS SCHWEIN
Der Rest ist Lyrik Wer hat bessre Zähne
Das Blut oder der Stein

[1981/82. Verkommenes Ufer Medeamaterial Landschaft mit Argonauten. HMW 5. Die Stücke 3, S. 80-83]

Traum 23. 7. (79). – Die Erfahrung (das Glück) / des Wunders / (die Antwort aus dem All – Gott gibt / Zeichen {»strahlend / (Heiligen- / schein)} / (dann, aus der Luft, MGGarbe im Rücken {(der Hub- / schrauber Gottes)} / »Ich habe den Hubschrauber Gottes gesehn.« [HMA 4569]

Was ist im Stück Dein »jugoslawischer Traum«?
Zunächst ein Traum, den ich in Jugoslawien geträumt habe. Von den Schauspielern über die Leichenschwestern und den zerbrochenen VW bis zu dem verlassenen Kino. Die Alte mit dem Tragholz war eine Frau in Belgrad im Supermarkt, in schwarzer Bauernkleidung, ihr Tragholz, mit dem sie früher wohl die Wassereimer geschleppt hatte, behängt mit den Produkten deutscher Sauberkeit, Persil und Ajax und so weiter.

[Krieg ohne Schlacht, S. 321; Eine Autobiographie. HMW 9, S. 251 f.]

[14]
[Der Hof war verlassen ...]

film:
Der Hof war verlassen, außer von dem Geier, der an ein Wagenrad gekettet mit den Flügeln schlug. Im Keller zwischen den Leichen wartete G. auf mich, der mir aus der Hand lesen wollte. Diagnose: NOSTALGISCHER KREBS. Flucht in den Hof, verfolgt vom Lächeln des Handlesers. Der Geier, von seinen Flugversuchen an der Kette inzwischen gänzlich auf das Wagenrad geflochten, hackte nach dem Himmel. Die Wolken waren sanfte, gewaltige Tiere in dem schwarzen Blau. [1984. HMW 2. Die Prosa, S. 111]

Dieser Text, geschrieben 1984 als Zwischenspiel für Robert Wilsons Kölner Inszenierung »the CIVIL warS« verarbeitet zwei Motive, einmal den am Wagen arretierten Vogel sowie die Handlesung Goethes, die in Träumen 1979 und 1980 von Heiner Müller auftauchten:

Traum 8.(?) 8. 79 – Liszt/Wieland (hat in seiner Zeit genauso / viel Hände geschüttelt wie Gandhi) / Liszt blond {Perücke} in histor. Kostüm / Stallungen Scheune (lang) daneben Wagen / (→Auto) – erst weibl. Adler dann männl. / tot hängend an Karosserie / ich gehe pissen in Innenhof (der an einer Seite / ein offenes Tor hat) höre beim Pissen / einen Laut wie von einem riesigen Hund / (Wolf »Werwolf«) (von dem ich gehört, / eine Vorstellung habe) greife eine / Latte (sie wird kleiner als ich sie greife, habe) / finde kleinen harmlosen Hund, den ich / einem Kind zurückbringe. [HMA 3895]

Traum 3. 9. (80) – Ich lese, in Anwesenheit von Frauen, (dem alten) Goethe aus der Hand (er amüsiert sich über meine stotternden Auskünfte: er weiß darüber mehr. Seine linke Lebenslinie ist auffällig kurz, die rechte lang + kräftig (wie bei mir). G. liest meine Hand. Ich steige eine Leiter hinab in ein Untergeschoß (von Kindern bevölkert). G. »untersucht« mich – Diagnose: nostalgischer Krebs. [HMA 7207]

[15]
BILDBESCHREIBUNG

Eine Landschaft zwischen Steppe und Savanne, der Himmel preußisch blau, zwei riesige Wolken schwimmen darin, wie von Drahtskeletten zusammengehalten, jedenfalls von unbekannter Bauart, die linke größere könnte ein Gummitier aus einem Vergnügungspark sein, das sich von seiner Leine losgerissen hat, oder ein Stück Antarktis auf dem Heimflug, am Horizont ein flaches Gebirge, rechts in der Landschaft ein Baum, bei genauerem Hinsehn sind es drei verschieden hohe Bäume, pilzförmig, Stamm neben Stamm, vielleicht aus einer Wurzel, das Haus im Vordergrund mehr Industrieprodukt als Handwerk, wahrscheinlich Beton: ein Fenster, eine Tür, das Dach verdeckt vom Laubwerk des Baumes, der vor dem Haus steht, es überwachsend, er gehört einer andern Spezies an als die Baumgruppe im Hintergrund, sein Obst ist augenscheinlich eßbar, oder geeignet, Gäste zu vergiften, ein Glaspokal auf einem Gartentisch, halb noch im Schatten der Baumkrone, hält sechs oder sieben Exemplare der zitronenähnlichen Frucht bereit, aus der Position des Tisches, ein grobes Stück Handarbeit, die gekreuzten Beine sind unbehauene junge Birkenstämme, kann geschlossen werden, daß die Sonne, oder was immer Licht auf diese Gegend wirft, im Augenblick des Bildes im Zenith steht, vielleicht steht DIE SONNE dort immer und IN EWIGKEIT: daß sie sich bewegt, ist aus dem Bild nicht zu beweisen, auch die Wolken, wenn es Wolken sind, schwimmen vielleicht auf der Stelle, das Drahtskelett ihre Befestigung an einem flekkig blauen Brett mit der willkürlichen Bezeichnung HIMMEL, auf einem Baumast sitzt ein Vogel, das Laub verbirgt seine Identität, es kann ein Geier sein oder ein Pfau oder ein Geier mit Pfauenkopf, Blick und Schnabel gegen eine Frau gerichtet, von der die rechte Bildhälfte beherrscht wird, ihr Kopf teilt den Gebirgszug, das Gesicht ist sanft, sehr jung, die Nase überlang, mit einer Schwellung an der Wurzel, vielleicht von einem Faustschlag, der Blick auf den Boden gerichtet, als ob er ein Bild nicht vergessen kann und oder ein andres nicht sehen will, das Haar lang und strähnig, blond oder weißgrau, das harte Licht macht keinen Unterschied, die Kleidung ein löchriger Fellmantel, geschnitten für breitere Schultern, über einem fadenscheinig dünnen Hemd, wahrscheinlich aus Leinen, aus dem an einer Stelle ausgefransten zu weiten rechten Ärmel hebt ein gebrechlicher Unterarm eine Hand auf die Höhe des Herzens bzw. der linken Brust, eine Geste der Abwehr oder aus der Sprache der Taubstummen, die Abwehr gilt einem bekannten Schrecken, der Schlag Stoß Stich ist geschehn, der Schuß gefallen, die Wunde blutet nicht mehr, die Wiederholung trifft ins Leere, wo die Furcht keinen Platz hat, das Gesicht der Frau wird lesbar, wenn die zweite Annahme stimmt, ein Rattengesicht, ein Engel der Nagetiere, die Kiefer mahlen Wortleichen und Sprachmüll, der linke Mantelärmel hängt in Fetzen wie nach einem Unfall oder Überfall von etwas Reißendem, Tier oder Maschine, merkwürdig, daß der Arm nicht verletzt worden ist, oder sind die braunen Flecken auf dem Ärmel geronnenes Blut, gilt die Geste der langfingrigen rechten Hand einem Schmerz in der linken Schulter, hängt der Arm so schlaff im Ärmel, weil er gebrochen ist, oder durch eine Fleischwunde gelähmt, der Arm ist am Handansatz vom Bildrand abgeschnitten, die Hand kann eine Klaue sein, ein (vielleicht blutverkrusteter) Stumpf oder ein Haken, die Frau steht bis über die Knie im Nichts, amputiert vom Bildrand, oder wächst sie aus dem Boden wie der Mann aus dem Haus tritt und verschwindet darin wie der Mann im Haus, bis die eine unaufhörliche Bewegung einsetzt, die den Rahmen sprengt, der Flug, das Triebwerk der Wurzeln Erdbrocken und Grundwasser regnend, sichtbar zwischen Blick und Blick, wenn das Auge ALLES GESEHN sich blinzelnd über dem Bild schließt, zwischen

Baum und Frau weit offen das große einzige Fenster, die Gardine weht heraus, der Sturm scheint aus dem Haus zu kommen, in den Bäumen keine Spur von Wind, oder zieht die Frau den Sturm an, oder ruft ihn hervor mit ihrer Erscheinung, der auf sie gewartet hat in der Asche des Kamins, was oder wer ist verbrannt worden, ein Kind, eine andere Frau, ein Geliebter, oder ist die Asche ihr eigner wirklicher Rest, der Leib geborgt aus dem Fundus der Friedhöfe, der Mann in der Türöffnung, den rechten Fuß halb noch auf der Schwelle, den linken schon fest auf dem braunen grasfleckigen Boden, der von einer unbekannten Sonne ausgedörrt wird, hält in der rechten Hand am gestreckten Arm mit einem Jägergriff, da wo man den Flügel ausreißt, einen Vogel, die linke Hand, die mit überlangen krumm flatternden Fingern ausgestattet ist, streichelt das Gefieder, das die Todesangst gesträubt hat, der Schnabel des Vogels ist aufgerissen zu einem für den Betrachter lautlosen Schrei, stumm auch für den Vogel im Baum, er interessiert sich nicht für Vögel, das Skelett seines Artgenossen an der schwarzgeäderten Innenwand, durch das Fensterviereck sichtbar, das er von seinem Platz im Baum nicht sehen kann, hätte für ihn keine Botschaft, der Mann lächelt, sein Schritt ist beschwingt, ein Tanzschritt, nicht auszumachen, ob er die Frau schon gesehn hat, vielleicht ist er blind, sein Lächeln die Vorsicht des Blinden, er sieht mit den Füßen, jeder Stein, an den sein Fuß stößt, lacht über ihn, oder das Lächeln des Mörders, der an die Arbeit geht, was wird geschehn an dem kreuzbeinigen Tisch mit dem vollen Fruchtpokal und dem umgestürzten zerbrochenen Weinglas, in dem noch der Rest einer schwarzen Flüssigkeit schwabbt, die auf dem Tisch und über den Rand tropfend breiter auf dem Boden unter dem Tisch in Lachen sich ausbreitet, der hochlehnige Stuhl davor hat eine Besonderheit: seine vier Beine sind in halber Höhe mit einem Draht verbunden, wie um zu verhindern, daß er zusammenbricht, ein zweiter Stuhl liegt weggeworfen rechts hinter dem Baum, die Lehne abgebrochen, der Drahtschutz nur ein Z, kein Viereck, vielleicht ein früher Versuch der Befestigung, welche Last hat den Stuhl zerbrochen, den andern unfest gemacht, ein Mord vielleicht, oder ein wilder Geschlechtsakt, oder beides in einem, der Mann auf dem Stuhl, die Frau über ihm, sein Glied in ihrer Scheide, die Frau noch beschwert vom Gewicht der Graberde, aus der sie sich herausgearbeitet hat, um den Mann zu besuchen, des Grundwassers, von dem ihr Fellmantel trieft, ihre Bewegung ein sanftes Schaukeln zuerst, dann ein zunehmend heftiges Reiten, bis der Orgasmus den Rücken des Mannes gegen die Stuhllehne drückt, die krachend nachgibt, den Rücken der Frau gegen die Kante des Tisches, das Weinglas umstürzend, der mit Früchten beschwerte Pokal kommt ins Rutschen und, wenn die Frau sich nach vorn wirft, ihre Arme den Mann umklammern, seine Arme unter dem Fellmantel sie, er sich in ihrem, sie sich in seinem Hals verbeißt, mit dem Tisch knapp vor dem Rand wieder zum Stehn, oder die Frau auf dem Stuhl, der Mann hinter ihr stehend, seine Hände Daumen an Daumen um ihren Hals gelegt, wie im Spiel zuerst, nur die Mittelfinger berühren sich, dann, wenn die Frau sich gegen die Stuhllehne bäumt, ihre Fingernägel in seine Armmuskeln krallt, ihre Hals- und Stirnadern hervortreten, ihr Kopf sich mit Blut füllt, das Gesicht blaurot einfärbend, ihre Beine zuckend gegen die Tischplatte schlagen, das Weinglas stürzt um, der Pokal kommt ins Rutschen, schließt der Würger den Kreis, Daumen an Daumen, Finger an Finger, bis die Hände der Frau von seinen Armen herabfallen und das leise Knacken des

Kehlkopfes oder der Halswirbel das Ende der Arbeit anzeigt, vielleicht gibt unter dem wieder toten Gewicht jetzt, wenn der Mann seine Hände zurücknimmt, die Stuhllehne nach oder die Frau fällt nach vorn, mit dem blauroten Gesicht auf das Weinglas, aus dem die dunkle Flüssigkeit, Wein oder Blut, ihren Weg in den Boden sucht, oder rührt der ausgefranste Schatten am Hals der Frau unter dem Kinn von einem Messerschnitt her, die Fransen getrocknetes Blut aus der halsbreiten Wunde, schwarz mit verkrustetem Blut auch die Haarsträhnen rechts vom Gesicht, Spur des linkshändigen Mörders auf der Türschwelle, sein Messer schreibt von rechts nach links, er wird es wieder brauchen, es bauscht seinen Jackenstoff, wenn das zerbrochene Glas sich zusammensetzt aus den Scherben und die Frau an den Tisch tritt, am Hals keine Narbe, oder wird es die Frau sein, der durstige Engel, der dem Vogel die Kehle aufbeißt und sein Blut aus dem offenen Hals in das Glas gießt, die Nahrung der Toten, das Messer ist nicht für den Vogel, das Gesicht des Mannes hat bis in Augenhöhe die Farbe des Bodens, Stirn und sichtbare Hand, die andre verbirgt der Griff ins Gefieder, sind weiß wie Papier, bei der Arbeit im Freien scheint er Handschuhe zu tragen, warum im Augenblick des Bildes nicht, und etwas wie einen Hut gegen das heiße Gestirn, das die Landschaft bescheint und ihre Farben ausbleicht, was kann seine Arbeit sein, von dem vielleicht täglichen Mord an der vielleicht täglich auferstehenden Frau abgesehn, in dieser Landschaft, Tiere kommen nur als Wolken vor, mit keiner Hand zu greifen, der Vogel im Baum ist die letzte Reserve, ein Lockruf fängt ihn, überflüssig das Gras auszureißen, die SONNE, vielleicht eine Vielzahl von SONNEN, verbrennt es, die Früchte des Vogelbaums sind schnell gepflückt, haben die flatternden Finger des Würgers das

Stahlnetz um den flachen Gebirgszug gestrickt, aus dem nur eine papierweiße Bergkuppe noch ungeschützt herausragt, Schutz vor dem Steinschlag, der von den Wanderungen der Toten im Erdinnern ausgelöst wird, die der heimliche Pulsschlag des Planeten sind, den das Bild meint, Schutz mit einiger Aussicht auf Dauer vielleicht, wenn das Wachstum der Friedhöfe mit dem kleinen Gewicht des mutmaßlichen Mörders auf der Schwelle, des schnell verdauten Vogels im Baum, für sein Skelett hat die Wand Platz, seine Grenze erreicht hat, oder kehrt die Bewegung sich um, wenn die Toten vollzählig sind, das Gewimmel der Gräber in den Sturm der Auferstehung, der die Schlangen aus dem Berg treibt, ist die Frau mit dem heimlichen Blick und dem Mund wie ein Saugnapf eine MATA HARI der Unterwelt, Kundschafterin, die das Gelände sondiert, auf dem das Große Manöver stattfinden soll, das die ausgehungerten Knochen mit Fleisch überzieht, das Fleisch mit Haut, von Adern durchquert, die das Blut aus dem Boden trinken, die Heimkehr der Eingeweide aus dem Nichts, oder ist der Engel hohl unter dem Kleid, weil die schrumpfende Fleischbank unter dem Boden mehr Körper nicht hergibt, ein BÖSER FINGER, der von den Toten in den Wind gehalten wird gegen die Polizei des Himmels, Vorläuferin und WINDSBRAUT, die den natürlichen Feinden der Auferstehung im Fleisch den Wind ausspannt, den sie bewohnen, er weht als Sturm in die Falle, der Pfeil der Gardine zeigt auf die Frau, auch der Mörder vielleicht nur ein Toter im Dienst, die Vernichtung der Vögel sein (geheimer) Auftrag, der lässige Tanzschritt zeigt das baldige Ende der Arbeit an, vielleicht ist die Frau schon auf dem Rückweg in den Boden, schwanger von Sturm, dem Samen der Wiedergeburt aus der Explosion der Gebeine, Knochen und Splitter und Mark, der Vorrat an Wind markiert den Abstand der

Teile, aus denen vielleicht, wenn nach der Umsiedlung der Atemluft das Erdbeben sie durch die Haut des Planeten sprengt, DAS GANZE sich zusammensetzt, die Begattung des Sterns durch seine Toten, das erste Signal die Wolken mit dem Drahtskelett, das in Wahrheit aus Nerven besteht, die den Knochen voraufgehn, bzw. aus Spinngeweben von Knochenmark, wie das Geflecht ohne sichtbare Wurzeln, das den Bungalow hinaufkriecht und den Innenraum schon bis an die Decke besetzt hat, oder das Drahtgewirr der Stühle, oder das Netz, das den Gebirgszug an den Boden nagelt, oder alles ist anders, das Stahlnetz die Laune eines nachlässigen Malstifts, der dem Gebirge die Plastik verweigert mit einer schlecht ausgeführten Schraffur, vielleicht folgt die Willkür der Komposition einem Plan, steht der Baum auf einem Tablett, die Wurzeln abgeschnitten, sind die andersartigen Bäume im Hintergrund besonders langstielige Pilze, Gewächs einer Klimazone, die Bäume nicht kennt, wie kommt der Betonklotz in die Landschaft, keine Spur von Transport oder Fahrzeug, ICH HABE DIR GESAGT DU SOLLST NICHT WIEDERKOMMEN TOT IST TOT, keine Schleifspur, aus dem Boden gestampft, vom HIMMEL gefallen, oder herabgelassen aus der nur von den Toten atembaren Luft mit einem Greifarm, der an einem festen Punkt in dem HIMMEL benannten Darüber bewegt wird, ist der Gebirgszug ein Museumsstück, Leihgabe aus einem unterirdischen Ausstellungsraum, in dem die Gebirge aufbewahrt werden, weil sie an ihrem natürlichen Ort den Tiefflug der Engel behindern, das Bild eine Versuchsanordnung, die Roheit des Entwurfs ein Ausdruck der Verachtung für die Versuchstiere Mann, Vogel, Frau, die Blutpumpe des täglichen Mords, Mann gegen Vogel und Frau, Frau gegen Vogel und Mann, Vogel gegen Frau und Mann, versorgt den Planeten mit Treibstoff, Blut die Tinte, die sein papiernes Leben mit Farben beschreibt, auch sein Himmel von Bleichsucht bedroht durch die Auferstehung des Fleisches, gesucht: die Lücke im Ablauf, das Andre in der Wiederkehr des Gleichen, das Stottern im sprachlosen Text, das Loch in der Ewigkeit, der vielleicht erlösende FEHLER: zerstreuter Blick des Mörders, wenn er den Hals des Opfers auf dem Stuhl mit den Händen, mit der Schneide des Messers prüft, auf den Vogel im Baum, ins Leere der Landschaft, Zögern vor dem Schnitt, Augenschließen vor dem Blutstrahl, Lachen der Frau, das einen Blick lang den Würgegriff lockert, die Hand mit dem Messer zittern macht, Sturzflug des Vogels, vom Blinken der Schneide angelockt, Landung auf dem Schädeldach des Mannes, zwei Schnabelhiebe rechts und links, Taumel und Gebrüll des Blinden, Blut sprühend im Wirbel des Sturms, der die Frau sucht, Angst, daß der Fehler während des Blinzelns passiert, der Sehschlitz in die Zeit sich auftut zwischen Blick und Blick, die Hoffnung wohnt auf der Schneide eines mit zunehmender Aufmerksamkeit gleich Ermüdung schneller rotierenden Messers, blitzhafte Verunsicherung in der Gewißheit des Schrecklichen: der MORD ist ein Geschlechtertausch, FREMD IM EIGNEN KÖRPER, das Messer ist die Wunde, der Nacken das Beil, gehört die fehlbare Aufsicht zum Plan, an welchem Gerät ist die Linse befestigt, die dem Blick die Farben aussaugt, in welcher Augenhöhle ist die Netzhaut aufgespannt, wer ODER WAS fragt nach dem Bild, IM SPIEGEL WOHNEN, ist der Mann mit dem Tanzschritt ICH, mein Grab sein Gesicht, ICH die Frau mit der Wunde am Hals, rechts und links in Händen den geteilten Vogel, Blut am Mund, ICH der Vogel, der mit der Schrift seines Schnabels dem Mörder den Weg in die Nacht zeigt, ICH der gefrorene Sturm.

BILDBESCHREIBUNG kann als eine Übermalung der ALKESTIS gelesen werden, die das No-Spiel KUMASAKA, den 11. Gesang der ODYSSEE, Hitchcocks VÖGEL und Shakespeares STURM zitiert. Der Text beschreibt eine Landschaft jenseits des Todes. Die Handlung ist beliebig, da die Folgen Vergangenheit sind, Explosion einer Erinnerung in einer abgestorbenen dramatischen Struktur.

[1984. HMW 2. DIE PROSA, S. 112-119]

TUSCHEZEICHNUNG VON ELILIA KOLEWA (SOFIA), UM 1984.
BERLINER PRIVATBESITZ

Hauschild berichtet in seiner Müller-Biographie über die Entstehung von BILDBESCHREIBUNG: »Müller beschreibt ein tatsächlich existierendes Bild: Der Anlaß war eine Zeichnung, etwas koloriert, von einer Bühnenbildstudentin in Sofia. Sie hatte einen Traum gezeichnet. [..] Sie war eine Freundin von Ginka, die wir öfter mal besuchten. [..] Jedenfalls hat sie uns das gezeigt oder es lag herum, und ich habe sie gefragt, ob sie es mir geben könne, weil mir sofort eingefallen war, daß man damit etwas machen kann. Das war aber sehr lange, bevor ich anfing zu schreiben. *Die Niederschrift erfolgt zum größten Teil 1984 in der Wohnung von Nina Ritter in Mietenkam am Chiemsee, wo Müller mit Margarita Broich zu Gast ist.* Es gab ein Angebot vom ›Steirischen Herbst‹, 15 000 Mark für einen neuen Text, und ich hatte gerade diesen Text in Arbeit. *Margarita Broich erinnert sich, daß Müller beim Schreiben einen ›Hänger‹ hatte und – was damals sehr selten vorkam – zur Whiskyflasche griff. Dann habe er weiterschreiben können.«* [Hauschild, S. 404 f.]

Beim wirklichen Schreiben kann man Alkohol nicht gebrauchen, nur in Notsituationen. Bei BILDBESCHREIBUNG weiß ich genau die Stelle, wo ich nicht weiterkam, wo sich die Skier verkanten. Und da hab ich nachts eine halbe Flasche Whisky getrunken und im Vollsuff ein paar Sätze getippt. Die habe ich mir am nächsten Tag angeguckt. Es stimmte bis auf ein paar Kleinigkeiten.

[Ich war nie unschuldig. Whisky, Weissagungen, Warten. Heiner Müller wird 65. Heiner Müller, Jutta Voigt und Fritz-Jochen Kopka. Berlin, Dezember 1993. HMW 12. Gespräche 3, S. 423]

In meiner BILDBESCHREIBUNG spreche ich von der Zeichnung einer Studentin in Sofia, die in ihrem ersten Semester war. Sie zeichnete noch amateurhaft, sie konnte nicht schraffieren, sie konnte keine Wolken zeichnen, und dadurch war vieles irgendwie falsch in dem Bild. Es war keine Kunstabsicht, keine Intention, wenn sie schlecht schraffiert oder die Wolken nicht gekennzeichnet hatte. Sie wollte sie richtig machen. Natürlich entstanden durch diese mangelnde

Perfektion Räume, die mit perfekter Zeichnung oder Malerei zugedeckt worden wären. Da waren Risse in der Abbildung, durch die ein Aspekt von dem Abgebildeten durchkam, der sonst nicht sichtbar geworden wäre, der sonst zugedeckt worden wäre. Ich habe dann einfach angefangen, das Bild – so wie es war – zu beschreiben, und an den Stellen, wo diese schlechte Schraffur und die diffusen Wolken waren, ergab sich dann die Möglichkeit, sich etwas anderes zu denken. So wurde allmählich dieses Bild »mit Schrift bedeckt«, und es wurde dadurch auch immer abstrakter. Auch in der bildenden Kunst gibt es ja diesen Trend, Bilder in dem Sinne zu beschreiben, daß man sie nur mit Schrift bedeckt. Es muß jetzt nicht mehr wörtlich sein, aber dadurch gibt es zunehmend Schichten von Literatur über den Bildern.

[HMW 11. Gespräche 2, S. 354 f.]

Der Anlaß war eine Zeichnung, etwas koloriert, von einer Bühnenbildstudentin in Sofia. Sie hatte einen Traum gezeichnet. Sie hatte Freud nicht gelesen, so daß das eins zu eins war, ohne jede Hemmung vor Symbolen. Ich habe angefangen, das Bild zu beschreiben. Dann Assoziationen zu dem Bild, die wesentlich ausgingen von den Unkorrektheiten der Zeichnung, die Fehler waren Freiräume für Phantasie. Ein Bild beschreiben heißt auch, es mit Schrift übermalen. Die Beschreibung übersetzt es in ein anderes Medium. Baum, Frau, Mann, Haus waren die Fixpunkte der Zeichnung. Man konnte einen Wirbel daraus machen, weil es die Fixpunkte gab. Die Struktur des Textes ist, ein Bild stellt das andre in Frage. Eine Schicht löscht jeweils die vorige aus, und die Optiken wechseln. Zuletzt wird der Betrachter selbst in Frage gestellt, also auch der Beschreiber des Bildes. Insofern ist es ein Autodrama, ein Stück, das man mit sich selbst aufführt, mit sich selbst spielt. Der Autor wird sein eigner Darsteller und Regisseur. Das Schreiben war ein Urlaub von der DDR, ein, vielleicht narzißtischer, Befreiungsakt.

[KRIEG OHNE SCHLACHT, S. 342 F.; HMW 9. EINE AUTOBIOGRAPHIE, S. 269]

Was BILDBESCHREIBUNG angeht: Das kann jeder machen, mehr oder weniger gut und jeder anders. Die avancierteste Kunst ist die demokratischste, jeder Mensch kann ein Bild beschreiben, die Beschreibung produziert neue Bilder, wenn er mitschreibt, was ihm einfällt während der Beschreibung. Es ist ein Spielmodell, das allen zur Verfügung steht, die sehen und schreiben können.

[KRIEG OHNE SCHLACHT, S. 343; HMW 9. EINE AUTOBIOGRAPHIE, S. 269 f.]

Von Rainer Crone nach der Beziehung von bildender Kunst zur Dichtung in seiner eigenen Arbeit gefragt, antwortet Heiner Müller:

Ganz privat ist die Sache so: Ich hab' als Kind sehr viel gezeichnet und gemalt, auch später noch, eigentlich bis ich etwa 20 war. Dann hab' ich irgendwann so ein tiefes Gefühl von Ungenügen gehabt, ich konnte ganz gut Porträts zeichnen und alles mögliche, aber es gab da einen Punkt, so eine Hemmung, die mich hinderte, exzessiv beim Zeichnen oder beim Malen zu werden. Es blieb immer irgendwie fußgängerisch, wurde nie ein Sprung, und daraus hab' ich eigentlich geschlossen, daß ich doch schreiben muß, weil ich da springen kann – beim Malen kann ich nur zu Fuß gehen. Ich will irgendwann wieder probieren, ob das inzwischen anders ist, aber ich glaube nicht. Ich fürchte, es bleibt immer so, daß das Schreiben wirklich so etwas wie ein Auslöschen von Bildern ist.

[Fünf Minuten Schwarzfilm. Heiner Müller und Rainer Crone. Berlin/West, Sommer 1988. HMW 11. Gespräche 2, S. 360]

[16]

und ich hatte zwei Nasen die eine stand gerade in meinem Gesicht die andere schief ich erinnere mich an das Kinderspiel die Finger zu kreuzen die Augen zu schließen mit den gekreuzten Fingern über den Nasenrücken zu fahren man bekommt das Gefühl man hätte zwei Nasen im Gesicht ich sage mir steh auf und stell dich gerade hin steh gerade steh auf halt deine Nase gerade halt sie gerade und wie ich so mit mir rede und versuche gerade zu stehen meine Nase gerade zu halten kippt der Horizont nach der einen Seite dann nach der andern Seite die Dinge um mich herum stürzen übereinander ich versuche immer wieder meinen Körper in den richtigen Winkel zum Horizont zu bringen rechter Winkel 45 Grad steh gerade Mann steh gerade alles kippt um

[1988. The Forest. Akt IV,2. HMW 6. Die Stücke 4, S. 344 f.]

Zur Entstehung dieser Traumsequenz des Gilgamesch aus Robert Wilsons Inszenierung THE FOREST an der Freien Volksbühne Berlin berichtet der Gilgamesch-Darsteller Martin Wuttke: »Er [Heiner Müller] hatte eine totale Schreibblockade und konnte nicht schreiben. Er schlug allerdings Texte von E. T. A. Hoffmann vor und eigene alte Texte. [...] Ich ging mit Heiner, nachdem ich mit ihm eine Nacht durchgesoffen hatte, morgens zur Probe, beide völlig verkatert, und Heiner kam zu mir und fragte: ›Was hast du heute nacht geträumt?‹

Und wenn man viel getrunken hat, träumt man nicht, und ich sagte: ›Ich habe nichts geträumt.‹ – ›Doch, du hast irgendwas geträumt.‹ Und irgendwann sagte ich: ›Ja, ich habe kurz vorm Aufstehen was geträumt.‹ Und er: ›Schreib's auf! So wie's dir in den Kopf kommt, schreib's auf.‹ Vor der Probe, während der Riesenstab sich sammelte und ich mich eigentlich umziehen mußte, saß ich und kritzelte auf ein Papier, was ich geträumt hatte, und das gab ich Heiner. Und Heiner gab es Bob Wilson. Und dieser Text steht heute im Programmheft von ›The Forest‹.« [Hauschild, S. 394 f.]

[17]
TRAUMHÖLLE IN BERLIN PARISBAR EINE ORTSBESCHREIBUNG

Wer versucht hat, Dantes GÖTTLICHE KOMÖDIE ganz zu lesen, eines der großen Bücher der Weltliteratur, für deren Lektüre der Satz gilt VIELE WERDEN BERUFEN WENIGE SIND AUSERWÄHLT, wird die Erfahrung gemacht haben, daß die Hölle und das Fegefeuer weit kurzweiligere Plätze sind als das Paradies. Nicht nur in diesem Sinn ist die PARIS BAR die Hölle unter den Kneipen Berlins. Der Satz VIELE WERDEN BERUFEN usw. gilt auch hier. Über dem Eingang könnte der Spruch geschrieben stehn: Wer hier eintritt, lasse alle Hoffnung fahren, daß er herauskommt, eh es Morgen wird. Und daß er herauskommt als der gleiche, der hineinging. Bis Mitternacht entspricht die PARIS BAR, nach der Wertordnung Dantes, der oberen Hölle, die der Maßlosigkeit geweiht ist. Die Folterknechte in der Uniform von Kellnern sorgen für den Brennstoff, der die toten Seelen heizt. Nach dem Auszug der Lemuren, ohne die auch diese Hölle nicht auskommen kann, alle Laster sind zu etwas gut, aber bezahlt wird bar, das vertreibt die Gespenster, tut sich der Trennboden zur unteren Hölle auf, schlägt gegen das Morgengrauen von Berlin die Stunde der Tierwerdung, eingeläutet durch den rituellen Kopfstand eines als Kampftrinker bewährten Berliner Schriftstellers von hoher gymnastischer Qualität oder durch einen Schub von Sehnsucht in der weitgereisten Seele des einen oder andern Österreichers nach den Schneeweiten Alaskas oder der südlichen Beleuchtung Griechenlands. Es ist die Stunde der Inspiration, in der die Bilder an den Wänden der PARIS BAR zu sprechen beginnen. Sie reden in den Sprachen des babylonischen Turmbaus, der nicht länger vertagt werden kann. [1991. HMW 2. DIE PROSA, S. 131]

[18]
SELBSTKRITIK 2 ZERBROCHNER SCHLÜSSEL

Der Aufstand brach am 23. Oktober 1956 aus, doch er begann schon am 6. Oktober mit der feierlichen Beisetzung von Rajk und seinen Genossen, wo 200.000 Menschen den Ermordeten die letzte Ehre erwiesen, aber vor allem für den Sturz eines mörderischen Regimes demonstrierten. Nur Vereinzelte erinnerten sich noch an den Stalinisten Rajk, wie das einer der Demonstranten tat, der vor sich hin flüsterte: Hätte er das erlebt, er würde in die Menge schießen lassen ...
[HODOS: SCHAUPROZESSE, S. 250]

Blaubarts verbotne Tür Verbotner Traum
Die toten Frauen im zertanzten Raum
Das Blut vom Schlüssel wäscht kein Regen ab
Den Tod auf deiner Netzhaut deckt kein Grab
Kein Engel sprengt mit Flügeln deinen Raum

Die toten Frauen essen deinen Traum
Der letzte Beischlaf ist das Standgericht
Im Jahr der Wolfsmilch siehst du dein Gesicht
[HMW 1. Die Gedichte, S. 235]

[19]
HERZKRANZGEFÄSS

Der Arzt zeigt mir den Film DAS IST DIE STELLE
SIE SEHEN SELBST jetzt weißt du wo Gott wohnt
Asche der Traum von sieben Meisterwerken
Drei Treppen und die Sphinx zeigt ihre Kralle
Sei froh wenn der Infarkt dich kalt erwischt
Statt daß ein Krüppel mehr die Landschaft quert
Gewitter im Gehirn Blei in den Adern
Was du nicht wissen wolltest ZEIT IST FRIST
Die Bäume auf der Heimfahrt schamlos grün
[21. 8. 1992. HMW 1. Die Gedichte; S. 249]

[20]
Das leere Treppenhaus erzählt den Schrecken
einer sauberen Welt. Kein Mensch, keine
Fußspur, kein Staub, nur ein unsichtbares Auge,
das an einem Malwerkzeug befestigt ist, geführt
von keiner Hand.
AND A SLEEPING DOG AROUND THE
CORNER / ON THE NEXT STAIRCASE
BARKING IN DREAMS.

Mit der Wiederkehr der Farbe droht die
Auferstehung.
ICH HABE DIR GESAGT DU SOLLST

NICHT WIEDERKOMMEN TOT IST
TOT.
Der Tod ist ein Irrtum.

... Und gehe weiter in die Landschaft
die keine andere Arbeit hat als auf
das Verschwinden des Menschen
zu warten ...
Der Maler hält den Moment vor dem Verschwinden
fest, die kalte Sekunde, wenn der Körper zum
Farbton schrumpft, den letzten Atem, von
Malschichten wie vom Vergessen erstickt.
Der Maler malt das Vergessen. Das Bild vergißt
seinen Gegenstand. Der Maler ist Charon. Mit
jedem Pinselstrich/Ruderschlag verliert sein
Passagier an Substanz. Die Fahrt ist das Ziel,
das Sterben der Tod. Am andern Ufer wird
Niemand aussteigen.

Wie einen Schatten hat Gott den
Menschen erschaffen wer soll
ihn richten wenn die Sonne
untergegangen ist.
der Maler wohnt in seinem Schatten, der keine
Sonne braucht.

[Texte zur Ausstellung: Vom Verschwinden des Menschen. Bilder von Erich Lindenberg. Texte von Heiner Müller. Katalog Museum Morsbroich. Leverkusen 1992. HMW 1. Die Gedichte, S. 307-310]

[21]
MÜLLER IM HESSISCHEN HOF

Im Hotelrestaurant die Unschuld der Reichen
Der gelassene Blick auf den Hunger der Welt
Mein Platz ist zwischen den Stühlen Mein Traum
Die faltige Kehle der Witwe vom Nebentisch
Aufzuschneiden mit dem Messer des Kellners
Der ihr den Lammrücken vorschneidet Ich
Werde auch diese Kehle nicht aufschneiden
Mein Leben lang werd ich nichts dergleichen tun
Ich bin nicht Jesus Der das Schwert bringt Ich
Träume von Schwertern Wissend länger als ich
Wird die Ausbeutung dauern an der ich teilhabe
Länger als ich der Hunger der mich ernährt
Und die Dichter ich weiß es lügen zu viel
Villon konnte das Maul noch aufreißen
Gegen Adel und Klerus er hatte kein Bett keinen Stuhl
Und kannte die Gefängnisse von innen
Brecht schickte Ruth Berlau nach Spanien und schrieb
In Dänemark DIE GEWEHRE DER FRAU CARRAR
Gorki während er zweispännig durch Moskau fuhr
Haßte die Armut WEIL SIE ERNIEDRIGT Warum
Nur die Armen Majakowski hatte sich schon
Mit dem Revolver zum Schweigen gebracht
Die Lügen der Dichter sind aufgebraucht
Vom Grauen des Jahrhunderts An den Schaltern der
Weltbank
Riecht das getrocknete Blut wie kalte Schminke
Der Schrecken der Gewalt ist ihre Blindheit
Der schlafende Penner vor ESSO SNACK&SHOP
Widerlegt die Lyrik der Revolution

Ich fahre im Taxi vorbei Ich kann es mir
Leisten Benn hatte gut reden Er hat
Mit seinen Gedichten kein Geld verdient und wäre
Krepiert ohne Haut- und Geschlechtskrankheiten
In der Nacht im Hotel ist meine Bühne
Nicht mehr aufgeschlagen Ungereimt
Kommen die Texte die Sprache verweigert den Blankvers
Vor dem Spiegel zerbrechen die Masken Kein
Schauspieler nimmt mir den Text ab Ich bin das Drama
MÜLLER SIE SIND KEIN POETISCHER GEGENSTAND
SCHREIBEN SIE PROSA Meine Scham braucht
mein Gedicht

[Frankfurt am Main, 3. 10. 1992. HMW 1. Die Gedichte, S. 253 f.]

[22]
MARKE ZUM TOTEN TRISTAN

Du liegst und träumst deinen letzten Schlaf
Unter dem Mantel der tödlich Geliebten
Aber ich muß zurück in den mondlosen Tag
Der mir das Herz verbrennt zu Goldstroh

[1993. HMW 1. Die Gedichte, S. 268]

[23]
DAS GLÜCK DER ANGST

für Anna

Manchmal zwischen Nacht und Morgen
Seh ich Hunde dich umkreisen
Hunde mit gebleckten Zähnen
Und du greifst nach ihren Pfoten

Und du lachst in ihre Zähne
Und ich wache auf mit Angstschweiß
Und ich weiß daß ich dich liebe
[22. 10. 1993. HMW 1. DIE GEDICHTE, S. 270]

[24]
BLAUPAUSE

Schlaflos im Fenster die Nacht
Fragt wozu das Ganze
Weil ich die Antwort nicht weiß
Das Dunkel läßt nicht mit sich reden
Geh ich zurück in den Schlaf
Der Morgen vielleicht weiß es anders
[OKTOBER 1993. HMW 1. DIE GEDICHTE, S. 272]

[25]
DER TRAUM IST EIN ROMANENTWURF

Entwurf zu einem Roman, den ich / nicht schreiben werde / Ich habe keine / mir fehlt die Lust / an der Erzählung von Begebenheiten ... / am Gang / der Dinge Lauf der / Welt / die Hauptstadt ist groß sie hat / Viertel die man ohne Not / nicht betritt/aufsucht – die Jagdgründe / Auftritt / der Ärmsten, die der allgemeine Wohlstand nicht erreicht hat {vergessen hat} / Abort / Schatten / Untoten //
Meine Liebe gehört/gilt dem Grundriß / nicht dem Gebäude dem die Ruine eingeschrieben ist – // nur Anfang + Ende birth + death / nur Kinder + Greise sind Menschen / dazwischen (liegt) das Tierreich / verschluckt von der Dunkelheit des Vergessens / (Grab) / schwarzer Friedhof //

M. ist der dritte Regisseur, der meinen Traum bevölkert/wohnt
Es ist die Nacht der Regisseure.

[HMA 5289. M ist Fritz Marquart. Die beiden anderen Regisseure in TRAUMTEXT. DIE NACHT DER REGISSEURE sind: Luc Bondy und Peter Zadek.]

[26]
TRAUMTEXT. DIE NACHT DER REGISSEURE

Der Traum beginnt in einem Café mit zwei gegenüber liegenden Eingängen in der Form von Torbögen oder Kirchenportalen. Es nimmt die ganze untere Etage eines alten Hauses ein. Das Haus steht in der Nähe des Theaters, in dem ich gelegentlich arbeite. Ich sitze mit dem Regisseur L. B. an einem der runden Tische. B. ist heiter, wie immer in Gesellschaft, ein Herr über seine Krankheit, sie beschleunigt sein Leben statt seinen Tod: er spielt mit ihr. Er bestellt ein Getränk, das ich nicht kenne, dunkelbraun und schwer. Drei junge Männer mit leeren Gesichtern setzen sich wortlos an unsern Tisch und starren uns an. Ihre Augen haben den verdeckten Blick des Eingeborenen der Diktatur. Nach einem Blickwechsel mit den andern redet einer mich an. Er gibt vor mich zu kennen. Er kommt aus einem Viertel, in dem ich lange Zeit gewohnt habe. Ich kann mich nicht erinnern, ihn gesehen oder von ihm gehört zu haben. Er gibt sich als Komponist aus. Jedenfalls hat er die Fähigkeit, über Musik zu reden. Ob es ihn interessiert, ist nicht auszumachen. Sein Gesicht belebt sich, wenn er spricht. Mich ärgert seine Vertraulichkeit. Sie versteckt eine Drohung. Sein Blick, wenn er den Vorhang hinter seinen Augen aufzieht, ist die Berührung einer Schlange. Ich kenne den Reptilienblick aus

Gesprächen mit Funktionären der Macht und der Geheimpolizei. Die Begleiter des Komponisten gehören eher der Gattung der Lemuren an, die der Volksmund als Spitzel bezeichnet, mit Anspielung auf ihren spitzen Blick. Im Eingang mir gegenüber ist Z. aufgetreten, ein andrer Regisseur, durch Skandal berühmter als B. an meinem Tisch durch Erfolge. Er inszeniert seinen Auftritt mit einem Rundblick über das Lokal, in der Haltung des Strategen, der das Schlachtfeld maßnimmt, auf dem er siegen will. Ich rufe ihn an, eine Gelegenheit, das Gespräch mit dem Komponisten abzubrechen, das mir schon lange lästig ist. Z. ignoriert meinen Anruf, unser Verhältnis ist zur Zeit nicht freundlich, oder überhört ihn über dem Kneipenlärm, und verläßt das Café, blicklos an unserm Tisch vorbei, durch den Eingang hinter mir, in Richtung auf das Theater. B., mit Blick auf seinen Abgang, sagt: Er geht zur Probe. Dann holt eine andre Wirklichkeit mich ein. Ich stehe auf einem schmalen Schlammweg zwischen Müll- und Schrotthalden einem der jungen Männer aus dem Café gegenüber. Ich erinnere mich jetzt, daß er mir am Tisch eine billige Zigarre angeboten hat, die ich nicht geraucht habe. Als ich ihn frage, wie wir aus dem Café in diese Einöde geraten sind, verzerrt sich sein Gesicht zur Kenntlichkeit einer höhnischen Grimasse. Er hebt ein abgebrochnes Brett vom Boden auf, es kann eine Zaunlatte sein, und schwingt es über seinem Kopf. Dabei führt er in dem aufspritzenden Schlamm einen wilden Tanz auf. Dann erstarrt er für Sekunden, sie kommen mir wie Stunden vor, warum laufe ich nicht weg, holt weit aus und schlägt plötzlich zu. Ich kann den Schlag abwehren, aber ein Nagel, der aus dem Brett heraussteht, reißt mir die Handfläche auf. Er lacht, als er mein Blut sieht, sein erster Laut. Beim zweiten Schlag gelingt es mir, ihm das Brett aus den Händen zu reißen. Ich vergesse nicht es umzudrehn und schlage ihm den Nagel in den Kopf. Brüllend reißt er das Brett aus der Wunde, fällt blutend mit dem Gesicht in den Schlamm, der seine Stimme langsam erstickt. Der Weg ist eine Sackgasse, eine Müllwand schließt ihn ab. Ich gehe ihn zurück in der Richtung, aus der wir, der Tote und ich, in einer Zeit, die aus meinem Gedächtnis gelöscht ist, gekommen sein müssen. Der Schlamm saugt an meinen Schuhn. Erschreckt von einem Ton in meinem Rücken, ein Zischlaut oder ein Flüstern, drehe ich mich um und sehe meinen Toten auf Händen und Knien hinter mir herkriechen, sein Gesicht eine Maske aus Blut und Schlamm. Seine Lippen bewegen sich und versuchen ein Wort auszusprechen. Meine Angst besiegt meine Neugier und ich gehe weiter. Ich werde nie erfahren, was er mir sagen wollte: eine Bitte oder einen Fluch. In meinem Kopf setzt sich ein wirrer Gedanke fest und geht als Schmerz durch meine Adern: sein Haß war der Haß eines Sohnes, der in dieser Welt den Vätern zusteht, gekreuzigt werden deine Söhne. Der Weg verengt sich, Wind kommt auf, wirbelt Staub, Papier und Dosenblech von der Halde; als er zunimmt, verdunkelt der Staub die Sicht. Der Weg endet in einem Stadtviertel, das ich nur aus den Zeitungen kenne. Kein Wind, kein Laut. Das Viertel gehört zu den Jagdgründen der ärmeren Bevölkerung, der Untoten des Wohlstands. Man betritt sie nicht ohne Not, aber ich habe keine Wahl. Immerhin muß ich diese Straße mit den alten Panzerspuren, die jetzt menschenleer ist, die verkommenen Wohnsilos mit dem Gestank verstopfter Toiletten und übervoller Müllcontainer, von Schweiß und Urin, schon einmal passiert haben, begleitet von dem Toten auf dem Schlammpfad zwischen den Müllbergen hinter mir, der vielleicht mein Schutz war, weil er in einer dieser Höhlen gewohnt hat, wo vielleicht eine Frau jetzt auf ihn wartet. Ich bedaure, daß ich das Brett nicht mitgenommen habe, das mir so dienlich war, eine Waffe. Ich unterdrücke mein Bedürfnis, schneller zu gehn oder mich umzusehn. Aus den Augenwinkeln nehme ich jetzt Schatten wahr, die lautlos meinen Weg verfolgen. Ich schwitze. Nach Minuten der Angst, die sich zur Panik steigert, überfällt mich die Entdeckung, daß die Hitze nicht aus meinem Körper kommt, sondern drückend in der Luft liegt. Etwas wie ein Klimasturz hat stattgefunden. Aus der fahlen Dämmerung wächst ein rostroter Himmel. Die Straße verläuft sich in eine braune Steppe mit hartem kniehohem Gras. In großer Ferne glänzt ein Band aus geschmolzenem Blei. Dahinter schwimmt ein Wald im Dunst. Die Bäume sind riesige Pilze. Beim zweiten Blick ist der Wald eine Stadt, Stufenpyramiden, die auf dem Kopf stehn, schief aneinander gelehnt, die Stockwerke wie von Erdbeben verrückt, ein Attentat auf die Geometrie. Einen Augenblick lang bin ich im Zweifel, ob ich zurückgehen soll in die Vorstadt, die mir jetzt wie eine Heimat scheint, zu den Schatten, die meinesgleichen sind und vielleicht mit Messern auf mich warten. Nach Stunden, die der Traum auf einen Lidschlag schrumpft, Zeit ist ein Schnitt durch den Raum, stehe ich am Ufer eines breiten ruhig fließenden Stroms, der von Menschen wimmelt. Frauen kriechen heraus, Männer auf dem Rücken. Die Frauen reden lachend miteinander, die Männer scheinen ihnen keine Last zu sein. Mir fällt auf, daß die Männer nicht mitlachen: sie unterhalten sich in einer andern Sprache. Ich werde nicht beachtet, scheinbar nicht einmal wahrgenommen. Bis eine Frau vor mir steht, nackt wie die andern, Wasser perlt von ihren Brüsten, glänzt auf ihrem Schamhaar, und mich anspricht mit den Stimmen aller Frauen, die ich geliebt habe, in einer Sprache, deren Klang mir fremd ist, von den Wörtern zu schweigen. Hier reißt der Faden, löst sich das Gespinst des Traumes in Fragmente auf, die wie Blitze durch mein Gedächtnis zucken und im Vergessen untergehn. Ich weiß noch, daß ich mit der Frau, die jetzt bekleidet ist, ihr Kleid ein grauer Fleck, in einem Raum von der Dimension einer Turnhalle stehe; vor mir, in der Mitte des Raums, lehnt M. an einem Pfeiler, in einen Kokon aus plastikartigem trüb durchsichtigem Material geschnürt, sein Gesicht ist durch die Trübung ohne Ausdruck. M. ist der dritte Regisseur, der meinen Traum bevölkert. Es ist die Nacht der Regisseure. Ich reiße den Kokon auf, das Material ist hart und meine Finger bluten. Die Frau hat etwas mit ihm vor, vielleicht mit uns. Ich befolge ihre Anweisungen. Der Text versucht den Traum zu beschreiben. Die Beschreibung kann nur eine Fortschreibung sein, eine Fälschung. Der Zwang, die Flucht der Bilder als Folge darzustellen, wie tote Falter im Schaukasten, ergibt die Lebenslüge des Zusammenhangs, die Illusion der Bedeutung. Der Traum arbeitet mit anderm Material als dem schreibenden Bewußtsein zur Verfügung steht. Schon die Farben, die der Text den Bildern aufträgt, sind Interpretation, Schutz gegen den Sog, der von der andern Wirklichkeit des Traums ausgeht, die Strahlkraft seiner Bilder, das Vernichtungspotential seiner Dunkelzonen, in dem vielleicht seine Heilkraft beruht. Auch der Kommentar nur eine Ausflucht, Angst um die eingebildete Souveränität des Autors, die der Traum allnächtlich in Frage stellt. Der Tote aus dem Bergwerk zerfällt in der Sonne. Das letzte Bild ist eine Grabkammer, in die von oben ein staubiges Licht fällt, an den Wänden Regale mit Schubfächern, in denen Männer verstaut sind, nackt. Frauen in Grau gehn vom einen zum andern und masturbieren sie, wie man Kühe melkt. Bevor ich an der Reihe bin, bricht der Traum ab und beginnt ohne Übergang der nächste. Ich sitze nackt in einem Sessel in meiner Wohnung in Berlin. Hereinkommt grußlos, von der verschlossenen Tür nicht aufgehalten, eine fremde Frau. Sie ist nackt unter einem weiten Mantel. Sie masturbiert mich schweigend mit einer festen Hand, trinkt meinen Samen und geht ohne Abschied wie sie ohne Gruß gekommen ist. (Beim Aufwachen die schreckliche Gewißheit: das wird nicht geschehn.)

[Geschrieben am 7. 4. 1994. HMW 2. Die Prosa, S. 136-140]

Traum 6/4/94 – Ich sitze nackt im Sessel, herein kommt grußlos eine fremde Frau, nackt unter dem Mantel. Sie wirft den Mantel ab, mast[urbiert] mich schweigend mit einer festen Hand, trinkt meinen Samen und geht ohne Abschied wie sie ohne Gruß gekommen ist. Ich wache auf mit der schrecklichen {Beim Aufwachen die} Gewißheit: das wird nicht geschehn. [HMA 7209]

Der vorstehende Traum, den Heiner Müller einen Tag vor der Niederschrift seines Traumtextes DIE NACHT DER REGISSEURE notiert hat, wird von ihm dem Text als Coda einbeschrieben. In einem Gespräch wird Heiner Müller 1995 von Hendrik Werner befragt:

Hendrik Werner In einem jüngeren Text, DIE NACHT DER REGISSEURE, konstruieren oder rekonstruieren Sie einen Traum. Was im Traum geschieht, grenzt an Mnemopathologie. Vorgängig Abgeschiedenes drängt machtvoll zurück. Will, wer vorgibt nicht zu träumen, sich nicht erinnern?

Heiner Müller Mich hat diese Lessing-Aussage gegenüber Leisewitz immer sehr erstaunt, daß er nie geträumt habe. Verblüffend ist einmal, daß Lessing es überhaupt sagt. Man kann sich das für Lessing erklären, andererseits ist [es] merkwürdig, wenn man beispielsweise »Nathan der Weise« liest. Es gab eine Inszenierung vom »Nathan« in München von Fritz Marquardt, der von Lessing leicht geschädigt oder stark geprägt ist: Da sah man plötzlich, wie sehr Kleist von Lessing kommt. Und was Lessing durch die Weigerung zu träumen verdrängt hat, das bricht bei Kleist auf. Das ist, glaube ich, der Punkt: Man kann sich eine Zeitlang aus Disziplin oder aus Angst das Träumen verbieten, aber dann bricht es irgendwann furchtbar auf, und der Traum wird eine rotierende Realität.

[Verwaltungsakte produzieren keine Erfahrungen. Zum Supergedenkjahr. Heiner Müller im Gespräch mit Hendrik Werner am 7. Mai 1995 in Berlin. HMW 12. Gespräche 3, S. 718 f.]

[27]
AJAX ZUM BEISPIEL

Babypille fauler Zauber
Ajax hält das Becken sauber
Volksmund

In den Buchläden stapeln sich
Die Bestseller Literatur für Idioten
Denen das Fernsehn nicht genügt
Oder das langsamer verblödende Kino
Ich Dinosaurier nicht von Spielberg sitze
Nachdenkend über die Möglichkeit
Eine Tragödie zu schreiben Heilige Einfalt
Im Hotel in Berlin unwirklicher Hauptstadt
Mein Blick aus dem Fenster fällt

Auf den Mercedesstern
Der sich im Nachthimmel dreht melancholisch
Über dem Zahngold von Auschwitz und andere Filialen
Der Deutschen Bank auf dem Europacenter
Europa Der Stier ist geschlachtet das Fleisch
Fault auf der Zunge der Fortschritt läßt keine Kuh aus
Götter werden dich nicht mehr besuchen
Was dir bleibt ist das Ach der Alkmene
Und der Gestank von brennendem Fleisch den täglich
Von deinen Rändern der landlose Wind dir zuträgt
Und manchmal aus den Kellern deines Wohlstands
Flüstert die Asche singt das Knochenmehl
Eine Laufschrift am Kurfürstendamm verkündet der Welt
PETER ZADEK ZEIGT BERLIN SEINE ZÄHNE
BEWARE OF DENTISTS möchte man ihm sagen
In den Bauernkriegen dem größten Unglück
Der deutschen Geschichte las ich kopfschüttelnd
Im Stand der Unschuld neunzehnachtundvierzig
Wie kann eine Revolution ein Unglück sein
In Brechts Anmerkungen zur MUTTER COURAGE
Wurde der Reformation der Reißzahn gezogen
Heute kann ich die Fortsetzung schreiben Der
Französischen Revolution in den Kriegen Napoleons
Der sozialistischen Frühgeburt im Kalten Krieg
Seitdem tanzt die Geschichte wieder Tango
Ein Exkurs über Revolution und Zahnmedizin
Geschrieben im Jahrhundert der Zahnärzte
Zwei Zahnprothesen ein Büchner-Preis
Das zu Ende geht Das kommende
Wird den Advokaten gehören die Zeit
Steht als Immobilie zum Verkauf
Im Hochhaus unter dem Mercedesstern

In den Etagen der Kulturverwaltung
Was für ein Wort Wer verwaltete Phidias
Ein Teppichhändler aus Smyrna laut POLYDOR
Auch die Kunst lebt nicht vom Staub allein
Brennt noch Licht rauchen die Köpfe im Sparzwang
Proben die Amputierten den aufrechten Gang
Mit geborgten Krücken aus Fiberglas
Unter Aufsicht des Finanzsenators
ZUM GELDE DRÄNGT AM GELDE HÄNGT DOCH
  ALLES
Stöhnt Faust in Goethes Sarkophag in Weimar
Mit der gebrochnen Stimme von Einar Schleef
Der seine Chöre probt in Schillers Schädel
Ich Dinosaurier im Rauschen der Klimaanlage
Selbst in der Steuerschraube bis zum Hals
Die Staatsgewalt geht vom Geld aus Geld
Muß kaufen Arbeit macht unfrei Heimat ist
Wo die Rechnungen ankommen sagt meine Frau
Lese Sophokles AJAX zum Beispiel Beschreibung
Eines Tierversuchs vergilbte Tragödie
Eines Mannes mit dem eine launische Göttin
Blindekuh spielt vor Troja im Abgrund der Zeiten
Arnold Schwarzenegger im WÜSTENSTURM
Um mich heutigen Lesern verständlich zu machen
ICH AJAX OPFER ZWEIFACHEN BETRUGS
Ein Mann in Stalinstadt Bezirk Frankfurt Oder
Auf die Nachricht vom Klimawechsel in Moskau
Nahm stumm von der Wand das Porträt des geliebten
Führers der Arbeiterklasse des Weltkommunismus
Trat mit Füßen das Bild des toten Diktators
Hängte sich auf an dem frei gewordenen Haken
Sein Tod hatte keinen Nachrichtenwert Ein Leben

Für den Reißwolf KEINER ODER ALLE
War das falsche Programm für alle reicht es nicht
Das letzte Kriegsziel ist die Atemluft
Oder KAULICH befreit von der Roten Armee
Aus Hitlers Gulag hört nach vier Tagen Fußmarsch
Aus einem zerschoßnen Fenster seine Frau schrein
Sieht einen Soldaten der ruhmreichen Roten Armee
Der sie aufs Bett wirft vergißt das ABC
Des Kommunismus schlägt dem Genossen Befreier
Den Schädel ein Übt Selbstkritik im Gespräch mit dem Toten
Kein Ohr für die immer noch schreiende Frau
Wird zuletzt gesehn auf dem Transport
In Stalins Gulag seine zweite Epiphanie
Singt die Internationale im Viehwagen
Wenn er gestorben ist singt er heute noch
Mit den toten Kommunisten unter dem Eis
Das Schreibglück der fünfziger Jahre
Als man aufgehoben war im Blankvers
Zwischen den Planken des kenternden Geisterschiffs
Beschirmt vom ironischen Pathos des Knittelreims
Nur die Hebungen werden gezählt
Gegen den Steinschlag der Denkmäler
In der Ewigkeit des Augenblicks
Im Elend der Information BILD KÄMPFT FÜR SIE
Wird Erzählung Prostitution BILD KÄMPFT
Gibt die Tragödie den Geist auf Stalin zum Beispiel
Seit seine Totems zum Verkauf stehn
Blut geronnen zu Medaillenblech
Am Brandenburger Tor für Hitlers Enkel
Welchen Text soll ich ihm in den Mund legen
Oder ins Maul stopfen je nach dem Standpunkt
In das Gehege seiner gelben Zähne

In sein kaukasisches Wolfsgebiß
In seiner Nacht im Kreml beim Warten auf Hitler
Wenn der sprachlose Lenin erscheint im Wodka
Lallend und brüllend nach dem zweiten Gehirnschlag
Der Beweger der Welt dem seine Zunge
Nicht mehr gehorchen will LENINDADA
Seine Welt ein Quadrat von Malewitsch
Der Tartar der das Gesetz der Steppe
Nicht mehr begreift Römer geworden zur Unzeit
Das sein Vollstrecker im Blut hat der Kaukasier
Oder Trotzki das Beil des Macbeth noch im Schädel
Die Faust geballt zum bolschewistischen Gruß
Im deutschen Panzerturm Hamlet der Jude
Oder Bucharin der im Keller singt
Der Liebling der Partei Kind der AURORA
Mit Hitler vielleicht kann er reden von Mann zu Mann
Oder von Tier zu Tier je nach dem Standpunkt
Der Totengräber mit dem Totenführer
Nach zehn Jahren Krieg war Troja museumsreif
Ein Gegenstand von Archäologie
Nur eine Hündin heult noch um die Stadt
Aus den Gebeinen der Rächer gründete Rom
Preis eine brennende Frau in Karthago
Mutter der Elefanten Hannibals
Rom von der Wölfin gesäugt das den Sieger beerbte
Griechenland eine Provinz aus der man Kultur zog
3000 Jahre nach der blutigen
Geburt der Demokratie mit Bad Netz Beil
O NACHT SCHWARZE MUTTER im Haus der Atriden
Die Zange führt Athene die Kopfgeburt
Kriecht das dritte Rom schwanger mit Unheil
Nach Bethlehem in seine nächste Gestalt

Der Rausch der alten Bilder Die Müdigkeit
Im Rücken das unendliche Gemurmel
Des Fernsehprogramms BEI UNS SITZEN SIE
IN DER ERSTEN REIHE Die Schwierigkeit
Den Vers zu behaupten gegen das Stakkato
Der Werbung das die Voyeure zu Tisch lädt
UNSERN TÄGLICHEN MORD GIB UNS HEUTE
In meinem Gedächtnis taucht ein Buchtitel auf
DIE ERSTE REIHE Bericht von Toden in Deutschland
Kommunisten gefallen im Krieg gegen Hitler
Jung wie die Brandstifter von heute wenig
Wissend vielleicht wie die Brandstifter von heute
Andres wissend und andres nicht wissend
Verfallen einem Traum der einsam macht
Im Kreisverkehr der Ware mit der Ware
Ihre Namen vergessen und ausgelöscht
Im Namen der Nation aus dem Gedächtnis
Der Nation was immer das sein oder werden mag
Im aktuellen Gemisch aus Gewalt und Vergessen
In der traumlosen Kälte des Weltraums
ICH AJAX DER SEIN BLUT VERSTRÖMT
ÜBER SEIN SCHWERT GEKRÜMMT AM STRAND
VON TROJA
Im weißen Rauschen
Kehren die Götter zurück nach Sendeschluß
Verbrennt die Sehnsucht nach dem reinen Reim
Der Welt in Wüste wandelt Tag in Traum
Reime sind Witze im Einsteinschen Raum
Des Lichtes Welle sondert keinen Schaum
Brechts Denkmal ist ein kahler Pflaumenbaum
Und so weiter was die Sprache hergibt
Oder das Lexikon des deutschen Reims

Das letzte Programm ist die Erfindung des Schweigens
ICH AJAX DER SEIN BLUT
[1994. HMW 1. Die Gedichte, S. 292-297]

[28]
THRAKISCHER SOMMER

Im Sommer 197.. sah ich in einem Garten in Bulgarien eine Katze eine Heuschrecke töten. Der Vorgang, der vielleicht fünf oder zehn Minuten in Anspruch nahm, zog sich in meiner Wahrnehmung, die durch eine Droge verändert war, über Stunden hin. Ich hatte gewußt, was ich tat, als ich der Katze die Heuschrecke zeigte. Sie hing am oberen Rahmen der Kellertür. Sie war ungewöhnlich groß. Im Keller, der aus mehreren Räumen bestand, einer davon mit einem Tisch und Stühlen ausgestattet, ein kühler Aufenthalt im Sommer, stand ein Radio. Ich hatte einen Sender mit arabischer Musik gefunden und das Gerät auf die volle Lautstärke eingestellt, da ich auf Nachbarn keine Rücksicht nehmen mußte: das Haus stand einsam zwischen Bergen. Die Katze lag auf der Treppe, die vom Keller zum oberen Teil des Gartens führte, und sonnte sich. Sie hatte die Heuschrecke nicht gesehn. Nachdem ich sie ihr gezeigt hatte, geschah lange Zeit nichts als daß sie hinsah, ohne ihren Platz auf der Treppe zu verlassen. Dann setzte sie sich mit gestreckten Vorderbeinen vor die offene Kellertür, genau unter die Heuschrecke, die reglos am oberen Rahmen hing, der für einen Katzensprung zu hoch war, den Blick unverwandt auf dem Objekt ihrer Begierde und genauso reglos. Dann begann sie zu zittern, Schauer liefen über ihr Fell, sie stieß kleine wimmernde Laute aus. Aber sie blieb an ihrem Platz und versuchte keinen Sprung. Eine Zeitlang lief sie zwischen den Türpfosten hin und her, wimmernd und die Heuschrecke im Blick, mit kleinen Sprüngen wie Tanzschritte. Die Kinnbacken bebten, an den Barthaaren glänzte Speichel. Schließlich sprang sie, in zunehmend kürzeren Abständen, abwechselnd am linken und rechten Türpfosten hoch. Einen Lidschlag lang muß ich die Katze aus den Augen gelassen haben, verwirrt von einem Nachbild aus dem Drogentraum, ein Steinkohlenwald mit gelbem Himmel, Konturen von Tierköpfen über dem Wald, und sah die Heuschrecke jetzt auf der ersten Treppenstufe zwischen den Pfoten der Katze hin und her taumeln. Die Katze spielte mit ihr, vorsichtig und aufmerksam, die Krallen eingezogen. Zuerst versuchte die Heuschrecke noch zu springen. Die Katze bremste den Sprung mit einer Pfote, die Krallen immer noch eingezogen, so daß die Heuschrecke nur auf die nächste Treppenstufe zu liegen kam, wo die Katze das Spiel fortsetzte, indem sie das Insekt zunehmend schneller zwischen ihren Pfoten hin und her warf. Beim nächsten Sprung erreichte die Heuschrecke die nächste Stufe nicht mehr. Die Katze nahm sie vorsichtig ins Maul, trug sie zwei Stufen höher, legte sie ebenso vorsichtig ab, wartete geduldig, bis das halb betäubte Opfer sich wieder bewegte, biß der Heuschrecke ein halbes Sprungbein ab, einen Fühler, und gab sie wieder frei. Daß ich mich neben sie hockte, um alles genau zu sehn, störte sie nicht. Ich dachte, selbst in einer Art von Trance durch die Musik der Wüste, die mir jetzt lauter vorkam, obwohl ich von dem Radio im Keller weiter entfernt war, an ein Buch aus meiner Kinderzeit, eine Nacherzählung der Nibelungensage, mein Held war Hagen von Tronje, der Verräter aus Treue, nicht der Traumtäter Siegfried, mit Illustrationen im Vierfarbendruck, der das Rot der Schwertwunden besonders gut zur Geltung brachte. Die Heuschrecke hatte kein Blut. Sie schleppte sich matt durch den Garten, im Kreis wegen des verkürzten Sprungbeins. Die Katze folgte ihr in Sprüngen, schlug hin und wieder mit einer Pfote nach ihr, die Krallen jetzt nicht mehr eingezogen, hielt sie aber nicht fest, packte sie mit den Zähnen, ließ sie wieder ins Gras fallen, bis nur noch ein zuckender Rumpf im Baumschatten lag, den sie mit drei Bissen schnell verschlang.

[1994. HMW 2. Die Prosa, S. 141 f.]

Kurz vor seinem Tode, in seinem zweiten Gespräch vom November 1995 mit Alexander Kluge über Ovids »Metamorphosen«, hat Heiner Müller über seine Drogenerfahrung gesprochen und in der Sendung, deren Textverlauf erheblich von der Druckfassung abweicht, auf seine Texte THRAKISCHER SOMMER und DIE EINSAMKEIT DES FILMS [S. 144] verwiesen, an denen dergleichen Erfahrung abzulesen ist:

Heiner Müller Alles ist subjektiv. Mir ist das einmal aufgefallen, eine ganz dumme Beobachtung vielleicht. Es war vor acht oder neun Jahren. Ich war ziemlich bekifft, ich hatte, glaube ich, Haschisch geraucht, war in Westberlin gewesen und fuhr zurück, sehr spät mit der S-Bahn oder mit der U-Bahn nach Friedrichsfelde. Ich erinnere mich an den Weg zum Bahnhof Zoo zum Beispiel, wo ich plötzlich das Gefühl hatte, die Leute laufen auf Schienen.

Alexander Kluge Nicht du fährst, sondern die Leute laufen?

Heiner Müller Die Leute laufen auf Schienen an mir vorbei. Jeder hatte eine Schiene, und es gibt dazwischen keine Verbindung. Und in der S-Bahn war auch das Gefühl, jeder sitzt auf seiner Schiene oder auf seinem Platz, und es gibt keine Verbindung. Dann wußte ich plötzlich nicht mehr, fahre ich jetzt in Richtung Westen oder in Richtung Osten, ich war sehr verwirrt. Ich war aber schon mit der U-Bahn, glaube ich, über den Alexanderplatz Richtung Friedrichsfelde, und plötzlich war ein ganz anderes Gefühl, das war etwas Vegetatives, die Verbindung zwischen den Leuten, es war so eine etwas bedrohliche Wärme. Es war warm, aber bedrohlich. Weil es Kontakte gab, merkbare, aber die konnte man nicht festmachen. Ich glaube, es gab damals auch ein anderes Verhältnis zwischen den Körpern.

ALEXANDER KLUGE Welche Drogen?

HEINER MÜLLER Haschisch und LSD. Manchmal Kokain, aber das ist auch sehr lange her. Interessant war LSD. Das fand ich schon ganz gut. Das habe ich nur einmal genommen, das war in Bulgarien auf dem Land, also in einer Landschaft. Und wir wohnten in einem Haus, das wir allein bewohnten, es stand so irgendwo in der Landschaft, und wir haben das Zeug genommen, und dann sind wir rausgegangen, da waren Berge und Hügel und auch ein bißchen Wald. Das erste Gefühl war eine veränderte Körperwahrnehmung, also eine Wärme, und ich hatte plötzlich ein Fell und keine Haut mehr, es war ein Gefühl von Fell. Und ich hatte kein Fleisch mehr, nur noch Muskeln, und der Gang veränderte sich, daß irgendwie eine Wahrnehmung da war, so eine tierische Wahrnehmung, nicht mehr die klassischen 180 Grad.

ALEXANDER KLUGE Kann es sein, daß du dich rückverwandelt hast?

HEINER MÜLLER Wahrscheinlich. Ich hatte das Gefühl, ich bin so was wie eine Raubkatze, vom Gang her. Nun war das ein Problem, bei jedem größeren Abhang war natürlich immer die Versuchung zu fliegen. Das hatte ich noch unter Kontrolle, aber das Gefühl, daß man das kann, war sehr stark. Und dann gab's einen Moment, da war so ein kleiner Wasserfall, und da haben wir uns druntergestellt. Und plötzlich hatten wir eine Assoziation, das war damals mit meiner bulgarischen Frau, daß wir zwei römische Legionäre sind, die durch diese Landschaft marschieren. Und dann unter diesem Wasserfall …

Alexander Kluge Sie hat das bestätigt, d. h., das war nicht nur deine Idee?

Heiner Müller Nein, wir haben darüber gesprochen. Unter dem Wasserfall hatte ich dann plötzlich Schuppen, und es wurde ein Tierkörper. Das nächste war im Haus. Sie schlief, glaube ich. In dem Haus war unten eine Waschküche, da war ein kleines Radio, und ich habe das Radio angemacht, und da war arabische Musik und eine Katze, die gehörte zum Haus. Und dann sah ich zu der arabischen Musik oben eine ziemlich große Heuschrecke am Türrahmen sitzen, und ich habe die der Katze gezeigt, und ich wußte, was ich mache in dem Moment. Irgendwann hatte die Katze natürlich die Heuschrecke erwischt. Obwohl sie gar nicht da hoch konnte, mit ungeheurer Geduld wartete sie, und plötzlich hatte sie sie unten. Ich habe nicht verfolgt, wie sie das gemacht hat. Und dann hat die Katze diese Heuschrecke langsam getötet, so die Kellertreppe hoch, durch den Garten, und ich habe das fasziniert beobachtet, immer zu dieser arabischen Musik, die sehr laut war. Und das war mir selbst unheimlich, mein Genuß daran, das zu beobachten. Die Katze biß immer mal ein Stück ab, dann ließ sie sie wieder laufen und schlug dann wieder ein bißchen zu.

Alexander Kluge Ist das etwas Wirkliches oder Unwirkliches?

Heiner Müller Das war ziemlich wirklich, denn der Effekt ist einfach die Zeit, die Dehnung während der Wahrnehmung. Und dazwischen sah ich auch immer noch einen Steinkohlenwald mit irgendwelchen Tierköpfen drüber beim Dösen, und das werde ich nie vergessen. Ich hatte da ein Bild von einer Steilwand, einer ganz steilen Felswand mit Spuren von Menschen, die da drangehangen haben oder da geklettert sind, Hände-, Schenkelabdrücke ...

ALEXANDER KLUGE Nimmst du an, daß Ovid Drogen genommen hat?

HEINER MÜLLER Mit Sicherheit, das war doch damals selbstverständlich.

ALEXANDER KLUGE Das heißt also, die Tendenz, daß alles fließt, und das Prinzip der Verwandlung und die Erzählweise, daß man immer andockt an irgendeinem Knotenpunkt, das hat mit Drogen zu tun? Das ist ja eigentlich wie eine virtuelle Welt, das ist ja nirgends logisch aufgebaut, es ist völlig akausal, aber konsistent. War Ovid also nicht weintrunken, sondern unter Drogeneinfluß?

HEINER MÜLLER Das gehörte zur Kultur. Und die konnten natürlich damit viel besser umgehen als wir heute. Das glaube ich dem Foucault schon, daß die Griechen ein Maß hatten für all diese Dinge, was wir nicht mehr haben. Es gibt von Heraklit einen Satz, der ist dunkel wie alle anderen: »Das Ausgeschüttetsein ist noch die höchste Form des Kosmos.« Also der Kosmos als Schrotthaufen ist noch die wahrscheinlichste Theorie.

[WANDLUNGSFÄHIGKEIT DER KÖRPER. HEINER MÜLLER UND ALEXANDER KLUGE. BERLIN, VERMUTLICH NOVEMBER 1995. HMW 12. GESPRÄCHE 3, S. 840-843.]

[29]

TRAUMWALD

Heut nacht durchschritt ich einen Wald im Traum
Er war voll Grauen Nach dem Alphabet
Mit leeren Augen die kein Blick versteht
Standen die Tiere zwischen Baum und Baum
Vom Frost in Stein gehaun Aus dem Spalier
Der Fichten mir entgegen durch den Schnee
Trat klirrend träum ich seh ich was ich seh
Ein Kind in Rüstung Harnisch und Visier
Im Arm die Lanze Deren Spitze blinkt
Im Fichtendunkel das die Sonne trinkt
Die letzte Tagesspur ein goldner Strich
Hinter dem Traumwald der zum Sterben winkt
Und in dem Lidschlag zwischen Stoß und Stich
Sah mein Gesicht mich an: das Kind war ich.

[1994. HMW 1. Die Gedichte, S. 298]

[30]

(Atridentraum) – Textlücken / als Strukturelement / Palimpsest Hexameter / unterbrochen /
O früher Morgen des Beginnens Roter Schnee
verwischte Spur im roten / Schnee
Schnee wird / rot eh er ankommt
(Rot ist das)
2. »Gras des Vergessens« /
Morgenstund / hat Blut im Mund /
erster Schritt, Blut im Schuh
ratio | Vernunft | Aufklärung
hat beim Aufwachen Blut im Mund /
(neuer Traum)

meine Schwester / two headed / + Schw. ohne Kopf/kopflos – Wolf aus d. Rücken / reicht mir d. Beil / Mutter dein Kind ruft / es hat einen Wolf / im Rücken / //
etwas verfolgt mich / Brüste schleifen im Staub //
Montaigne besucht Tasso {meets Tasso} im Irrenhaus in Ferrara

[Aus dem Konvolut Orestiemappe zu einem Libretto Heiner Müllers für ein Opernprojekt in Zusammenarbeit mit Pierre Boulez, einem Digest aus der Orestie. HMA 5290]

MONTAIGNE MEETS TASSO 1

Tasso in den Abruzzen auf der Flucht vor seinem Wahnsinn sein Kleidertausch
mit einem Bauern. Lenz im Gebirge bei Straßburg, Büchner gejagt auf seiner Spur.
Hölderlin im Turm, der vor sich hinreimt. Montaigne, wenn er mehr Zeit gehabt
hätte als einen Tag in Ferrara, wo er Tasso verrückt sah, »mit mehr Ärger als Mitleid«,
was hätte er ihm sagen können. Was sind Worte dem, der sich an ihnen sattgegessen
hat und sie nicht mehr ausspein will.

[1995. HMW 1. Die Gedichte, S. 316]

[31]
TRAUMTEXT OKTOBER 1995

Ich gehe, meine Tochter, sie ist zwei Jahre alt, in einem aus Bambus geflochtenen Korb auf dem Rücken, einen schmalen Betonstreifen ohne Geländer am Rand eines riesigen Wasserbeckens entlang, rechts oder links, je nach der Richtung meines Rundgangs (die einzige Wahl, die ich habe), eine unersteigbar hohe Wand, die ebenfalls aus Beton besteht. Die Wand ist lückenlos, kein Ausstieg aus dem Kessel, ein Rätsel und der Steg so schmal, daß meine rechte oder linke Schulter den Beton streift, wenn mein Schritt, aus Furcht vor dem Wasser, das keinen sichtbaren Grund zeigt, unsicher wird. Bei jedem Richtungswechsel, ich weiß nicht, wie viele Runden ziellos hin und her ich schon gegangen bin, wenn ich die Fingernägel in den Beton kralle, um gegen das Schwanken des Bambuskorbs auf meinem Rücken, in dem das Kind sich bewegt, das Gleichgewicht zu halten, fällt mein Blick auf eine Nebelwand, die unsern Kessel einschließt und die Außenwelt meiner Sicht entzieht. Warum ich nicht stehen bleibe, statt meine Beine zu ermüden. Warum ich mich nicht hinsetze, um auszuruhn, den Korb im Schoß und in den Armen. Warum ich mich nicht hinlege, um ein wenig zu schlafen, den Korb auf der Brust. Mein im Schlaf ruhigerer Atem, der den Brustkorb hebt und senkt, könnte das Kind in seinen Schlaf wiegen. Ich darf nicht stehen bleiben, müde wie ich bin, oder mich hinsetzen, um auszuruhn. Ich darf nicht schlafen. Ich könnte im Wasser aufwachen, der Korb neben mir mit dem vielleicht schon ertrunkenen Kind, rettungslos, auch aus dem Wasser führen keine Stufen. Beim nächsten Richtungswechsel einen Herzschlag lang die wahnwitzige Hoffnung: wenn ich lange genug und an der gleichen Stelle meine Finger in den Beton grabe, die Nägel wachsen nach und der Beton wächst nicht mehr, werden mit den Jahren Stufen entstehn, begehbar, wenn auch gefährlich, aber was ist der Tod gegen die Gefahr. Am Jüngsten Tag vielleicht, der bekanntlich, weil die längste Nacht ihm vorausgeht, der kürzeste sein wird, kein Entkommen, antwortet höhnisch mein Verstand. Die Nebelwand zerreißt vor meinen Augen und gibt den Blick auf ein Hochhaus frei, das einsam in der flachen Landschaft steht. Zwanzig Etagen, in denen Menschen wimmeln, hinter Fenstern ohne Gardinen, auf Balkons und Terrassen, auf dem Flachdach. Die Ahnung, oder ist es schon eine Gewißheit, daß ich an diesem Leben nicht mehr teilnehmen werde, bzw. der reißende Schmerz, mit dem mein schlafsüchtiger Körper die Gewißheit aufnimmt, bewegt mich zum nächsten sinnlosen Rundgang um das schwarze Wasser, das keinen Grund verrät. Im Gehen über die Schulter zurückblickend sehe ich im zwölften oder dreizehnten Stock des einsamen Hochhauses, auf einer Terrasse, unter einem Sonnenschirm, in einem Liegestuhl einen Mann sterben. Der Mann ist dick, das Sterben beginnt damit, daß er sich das Hemd aufreißt. Wahrscheinlich fliegen die Knöpfe. Ich kann es aus der Entfernung nicht sehn. Ich beobachte seine konvulsivischen Bewegungen, die von der Brust ausgehend rasch den ganzen Körper ergreifen, ich habe noch keinen Menschen sterben sehn, meine Neugier ist unersättlich, die Müdigkeit, die sich auf ihn herabläßt wie ein großer Vogel und seine Bewegungen verlangsamt, sein Körper nur noch eine Bodenwelle, von einem sanften Erdbeben bewegt, bis er zur Ruhe kommt im Einverständnis mit den Gesetzen der Gravitation, das wir gewohnt sind Tod zu nennen. Mein zu langer Blick auf den Sterbenden im Liegestuhl muß meinen Schritt verwirrt haben, wie durch einen Filmschnitt bin ich in das grundlose Wasser gestürzt, sehe im Auftauchen mit Erleichterung, daß der Bambuskorb mit meiner Tochter schief über mir auf dem Betonstreifen steht und mit Angst, daß sie versucht, aus dem Korb herauszukriechen, die Augen auf mir, der aus dem Wasser nicht heraus kann, der Betonrand zu hoch, BLEIB WEG VON MIR DER DIR NICHT HELFEN KANN mein einziger Gedanke,

während ihr fordernd vertrauender Blick mir hilflosem Schwimmer das Herz zerreißt.
[HMW 2. DIE PROSA, S. 143-145]

Gleich mehrere Träume stellen das Ausgangsmaterial zu diesem Text dar:

[I]
Traum 4./5. 10. – Ufermauer Anna / ich falle ins Wasser / no chance wieder herauszukommen / getrennt v. A. durch anderes / Element / vorher Blick auf Hochhaus – / Balkons (Terrassen): Männer / sonnen sich. Einer wird / ermordet werden. – [HMA 8919]

[II]
Traum Ufermauer – Blick auf Hochhaus / Männer im Liegestuhl / einer zur Ermordung bestimmt / Fall ins Wasser / oben allein d. Kind / Situation ohne Ausweg // Splitter eines anderen / Traums – Wohnung / Kissingenplatz Pankow
[HMA 8917]

[III] [*Übergang vom Traum zum Text*]
aber ich darf nicht stehen bleiben / müde wie ich bin oder mich / setzen um auszuruhn / Ich könnte einschlafen + im Wasser aufwachen / auch aus dem Wasser / führt kein Weg / den ein Mensch gehen könnte // auf dem Rücken / den Korb mit / dem vielleicht / schon ertrunkenen / Kind. // warum ich nicht stehnblei[be] / meine Neugier ist unersättlich: / ich habe noch nie / einen Menschen / sterben sehn. // -abgestreift – / aber was ist das für eine Rettung / sein Körper nur noch eine Bodenwelle / von einem sanften Erdbeben bewegt / bis er zur Ruhe kommt im Einverständnis mit d[em]

Ges[etz] der Gr[avitation] / das wir gew[ohnt] sind / tot zu mir // fear death by water / T. S. Eliot [HMA 4028]

[IV]
Int[ensiv]stat[ion]
mit großer Geschwindigkeit entfernen sich die / Die Benennungen v. d. Dingen die Namen / von den Personen – Fremdheit(werden / der Nächsten / Neid + Schadenfreude / der stirbt vor mir der leidet mehr der kriegt Essen / (die Erdbeerkonfitüre // Der Traum von den 5 roten Tropfen // 5 Traum Wasserbecken / Kind – Hochhaustod // Termin – Körperbeschreibung change /(incl. Operation) // [. . .] Drohung: Du wirst es im Himmel nicht / leicht haben, wenn du dahin / gelangst. / Unter (uns) Engeln. / wenn dir Einlaß gewährt wird – / in die Gefilde der Seligen die eigentlich uns / Rechtgläubigen vorbehalten sind. Aber Gott / ist unberechenbar auch in seiner Gnade – // 4 die Fliegen / das Auge / des Todes = / Drohung total black / Traum Reisevorbereitung
[HMA 2893]

MEIN RENDEZVOUS MIT DEM TOD – Heiner Müller im Gespräch mit Alexander Kluge – Heiner Müller beschreibt einen dramatischen Eingriff in sein Leben: Die Entfernung der Speiseröhre / Ein Mensch, der so operiert wird, muß neu lernen, wie er leben will / »Lernen mit der halben Maschine«, sagt Heiner Müller / Ein Erfahrungsbericht

Alexander Kluge Wenn du mal die Topographie einer solchen Intensivstation beschreibst: Was siehst du da eigentlich?

Heiner Müller Da sind die Machtspiele zwischen den Pflegern und Schwestern. Und dann ist der ökonomische Punkt ganz wichtig. Am Anfang lag neben mir – es war ein

Zweibettzimmer in der Intensivstation – lag neben mir ein Spanier, vielleicht so alt wie ich oder etwas jünger. Ein ehemaliger Offizier offensichtlich. Und da lief pausenlos der Fernseher, weil er das wollte. Mich hat das nicht weiter gestört, ich muß nicht hingucken. Nach einiger Zeit aber war Brigitte mal zu Besuch und hat den Fernseher ausgeschaltet, weil ihr das auf die Nerven ging. Da protestierte er lautstark und sagte: Wissen Sie, ich zahle dafür jeden Tag acht Mark. Ich werde ihn keine Minute ausschalten.

ALEXANDER KLUGE Was ist sonst an Geräten da versammelt?

HEINER MÜLLER Hauptsächlich der Tropf. Und da gibt's dann so Stufen, also Tropf in die Vene, dann in die Nase, also eine künstliche Ernährung.

ALEXANDER KLUGE Das sind die Stufen der Folter?

HEINER MÜLLER Ja. Und interessant ist, wenn man anfängt, von Nahrung zu träumen. Mein erster Wunschtraum war: genau fünf Tropfen roter Fruchtsaft. Das war ein wirklicher Traum, nur fünf Tropfen. Dann kriegte der neben mir irgendwann Brot mit Erdbeerkonfitüre. Ich hab' so was nie gegessen in meinem Leben, aber plötzlich war die Konfitüre ein Traum. Das gehört dazu.

ALEXANDER KLUGE Also zu Anfang hast du im Grunde gar nichts Wirkliches zu essen, wie ein Kosmonaut?

HEINER MÜLLER Und du kriegst auch Kosmonautennahrung.

KLUGE Ist das jetzt für einen Dramatiker ein dramatisches Geschehen?

HEINER MÜLLER Ich sehe das nicht unbedingt als Dramatik.

ALEXANDER KLUGE Aber man kann es bedichten, man kann darüber schreiben?

HEINER MÜLLER Vielleicht kann man darüber schreiben. Interessant ist eigentlich nur, wie sehr der Körper ein Instrument wird oder ein Vehikel.

ALEXANDER KLUGE »Die Frage, wozu einer überlebt, kommt einem wirklich sehr schnell aus der Feder, es ist aber eine sehr zähflüssige Frage.« Das ist ein Zitat aus einem Text von dir.

HEINER MÜLLER Ja, ja. Solange du sicher bist, daß du genügend Substanz hast, daß du leben kannst, ist die Frage theoretisch und klingt gut und interessant. Sie ist weniger attraktiv, wenn du nicht weißt, was von dir übrigbleibt nach der Operation, nach dieser Rekonvaleszenz. Und die Frage ist ja nicht ganz beantwortet, die ist weiter offen, wie reduziert das Leben danach ist. Ich muß dauernd meinen Kopf beschäftigen mit irgendwas. Ein Grund für diese Krankheit ist sowieso, glaube ich, daß ich seit Jahren keine Möglichkeit gesehen habe, ein Stück zu schreiben. Es ist für mich einfach eine Lebensfunktion, Stücke zu schreiben, und wenn das aussetzt, fehlt irgendwas, fehlt die Motivation.

[MEIN RENDEZVOUS MIT DEM TOD. HEINER MÜLLER UND ALEXANDER KLUGE. FELDAFING, VERMUTLICH NOVEMBER 1994. HMW 12. GESPRÄCHE 3, S. 596 f.]

Über TRAUMTEXT OKTOBER 1995, den Heiner Müller kurz vor seinem Tode geschrieben hat, seine Tochter Anna vor Augen, ist 1996 eine umfangreiche Analyse von Klaus Theweleit erschienen.

[VGL.: KLAUS THEWELEIT, HEINER MÜLLER. TRAUMTEXT. STORMFELD/ROTER STERN. BASEL/FRANKFURT AM MAIN 1996]

[32]

NOTIZ 409

Wenn schon dein Lied nicht leben hilft
So hilft es doch zum Tode
(Brentano)

Der Himmel verspricht einen schönen Tag Er beginnt
Mit der Zeitungslektüre in der Hotelbar
Ein Überlebender beschreibt ein Blutbad
ICH LAG UNTER ICHWEISSNICHT WIEVIEL TOTEN
MIT ANGST DASS EINER LEBT UND BEWEGT SICH
ODER FÄNGT AN ZU SCHREIN ÜBER MIR SIE
SCHOSSEN
AUF ALLES WAS SICH REGTE ODER LAUT GAB
GLÜCKLICHERWEISE WAREN ALLE TOT
Das Glück muß sich nach der Decke strecken
Leben weil alle tot sind ein Menschheitstraum
Leerzeit Ein Tag wirft mich dem andern zu
Axel Manthey ist tot Man sollte Komödien schreiben
Leben in diesem trüben Menschenbrei
Mit glücklichen Idioten vor dem Bildschirm
Heute nacht im Traum war ich Aktäon
Ich wurde von sieben Frauen gejagt
Eine Schauspielerin führte sie an
Durch Wald und Feld wir zertraten die Blumen
Sie jagten mich mit einer Drahtschlinge
Ich belästigte einige Freunde mit Fragen
Nach meinem neuen Stück ICH BIN IRRITIERT
Sagte der höflichste Die andern schwiegen
Meine Frau fragte mich BRAUCHST DU DAS
Gründgens speist mit Göring dem Jäger und Sammler
Im Keller erteilt die Geheime Staatspolizei
Dem Kommunisten Hans Otto Gesangsunterricht

ICH BIN SCHAUSPIELER KEIN VOLK sagt Hamlet
Wenn Laertes politisch wird Er seinerseits
Weiß wie man sich dreht und wendet im
Gespräch mit Mördern aus Liebe zur Kunst
ICH DENKE EINEN LANGEN SCHLAF ZU TUN
War das letzte was man von ihm gehört hat
HAMLETWALLENSTEIN dem seine Mörder
Die Beine brechen mussten weil der Sarg
Zu kurz geraten war Unsre Hamlets
In Platons Höhle Althusser zum Beispiel
Ein Kommunist massiert seine Frau Immer schon
Hat sie den Nacken steif gemacht gegen seine
Grund legende Skepsis immer schon wollte er
Sagt ein Graffito an der Mauer der école normale
Ein Handarbeiter sein
OH MUTTER MUTTER
WAS HAST DU GETAN
Oder Pasolini
GIB MIR DEINEN ARSCH PELOSI ICH
WILL DEINEN DRECKIGEN ARSCH SOHN ITALIENS
HURE VON MARLBORO UND COCA COLA
GIB MIR DEINEN DRECKIGEN
Blutige Hochzeit
Mit der Klasse die die Zukunft trägt
Auf Schultern tätowiert vom Kapital
Die Morgenröte einer Nacht Die Nacht
Der Morgenröte
Dann legt Pelosi den Gang ein
Und fährt das Auto über den Besitzer
JETZT BIST DU VEREINT PAOLO MIT DEINEM
ITALIEN
Oder St. Martin Waldschrat und Gartenzwerg

Im kurzen Leder wartend auf den Führer
... SEINE WUNDERSCHÖNEN HÄNDE JASPERS
In seinem Schwarzwald wo Kafka der ewige Jude
Den Jäger Gracchus gesehn hat den Toten der
Das Sterben nicht gelernt hat den Meister aus Deutschland
Der sich die Hände wärmt im Blut seiner Tiere
Immerhin hat er gewußt St. Martin
Seit die Mitten über den Jordan gehn
Daß der Boden der Abgrund ist Leben ein Sprung
Denn Gott ist tot seine verwaisten Engel
Leihen ihre Flügel nicht mehr aus
Sein Skelett kreist im Weltraum
In der Hotelbar langweilt ein betrunkener Gast
Eine Serviererin sie hat dienstfrei und darf
An der Theke sitzen mit dem Krebstod seiner Frau
Dann unterhalten sie sich über Hunde
ICH MAG CHOWCHOWS sagt die Serviererin
WEIL SIE SO KLEIN SIND BITTE SEHR WO BLEIBT
MEIN DRINK schreit der Betrunkene I HATE DOGS
THEY TOOK MY TIME WHEN I LIVED WITH MY
WIFE
AND SHE'S DEAD NOW AND THE DOGS TOOK MY
TIME
Gestern habe ich Teorema gesehn
ICH BIN GESTORBEN FÜR DIESE GESELLSCHAFT
Sagt der müde Kapitalist auf dem Bahnhofsstrich
Wie soll die Welt enden wenn das Geld müde wird
Der Strichjunge zieht sich schon auf dem Bahnsteig aus
Mitten unter den Reisenden ins Nichts
Die Welt ist beschrieben kein Platz mehr für Literatur
Wen reißt ein gelungener Endreim vom Barhocker
Das letzte Abenteuer ist der Tod

Ich werde wiederkommen außer mir
Ein Tag im Oktober im Regensturz
Baden-Baden, Oktober 1995
[HMW 1. DIE GEDICHTE, S. 319-321]

Editorische Notiz

Quellen

[HMA]

Mit der Sigl in eckiger Klammer [HMA] und der entsprechenden Registernummer werden Texte aus dem Nachlaß Heiner Müllers bezeichnet, die das Heiner-Müller-Archiv der Stiftung Archiv der Akademie der Künste in Berlin verwahrt.

Bei der Transkription der Autographen (in seltenen Fällen handelt es sich auch um Typoskripte oder um Bruchstücke von Typoskripten, teilweise versehen mit handschriftlichen Zusätzen) aus dem Nachlaß wurde die Textgestalt der Blätter strikt nach den Regeln der diplomatischen Archivpraxis abgebildet, vom Inhalt her wie auch im formalen Aufbau. Auf eine präzise Beschreibung der verschiedenen DIN-Papierformate etc. mit dem dazugehörigen Apparat einer kritischen Ausgabe wurde für den Zweck dieser Publikation verzichtet. Freilich bleibt anzumerken, daß einige Traumaufzeichnungen aus der Zeit Heiner Müllers in Waren (Müritz) auf der Rückseite eines Aufnahme-Antrags der Sozialdemokratischen Partei Deutschlands, Bezirk Mecklenburg, aus dem Jahre 1945 niedergeschrieben wurden.

Abbreviaturen von Heiner Müllers Hand sind durchgängig beibehalten, um die Flüchtigkeit im Schreibvorgang der Traumaufzeichnungen zu erhalten. Fehlschreibungen, insbesondere von Namen, wurden stillschweigend berichtigt. Die räumliche Disposition der Texte wird in der Transkription formal abgebildet durch folgende Satzzeichen:

/ – der einfache Schrägstrich markiert als Geteiltzeichen den Zeilensprung; ohne Zwischenraum zwischen zwei Wörtern bezeichnet der Schrägstrich alternative Bezeichnungen, ein Verfahren, das Heiner Müller in seinen Texten bisweilen praktiziert hat, z. B.: und/oder;

// – der doppelte Schrägstrich markiert größere Zwischenräume als eine Zeile.

Auf die Markierung der Zeilensprünge durch Schrägstriche wurde verzichtet bei Texten, die Heiner Müller erkennbar in einem fortlaufenden Duktus niedergeschrieben hat; allenfalls werden in einem solchen Textfluxus Schrägstriche verwendet zur Markierung von Brüchen im Textzusammenhang oder abrupten Assioziationen;

| – der gerade Trennungsstrich markiert Trennungszeichen, die von Heiner Müller verwendet wurden;

{} – die Mengenklammer markiert als Akkolade einmal alternative Wendungen aus mehreren Worten, z.B: um die Abtreibung {den Abort Eingriff}; nicht erreicht hat {vergessen hat}; zum anderen handelt es sich um handschriftliche Zusätze auf dem Blatt, deren Einordnung durch Verweise Heiner Müllers (Linien oder Pfeile) in den Text eindeutig ist;

[] – die eckige Klammer markiert ein fehlendes Wort; in seltenen Fällen war es, um Fehlinterpretationen auszuschließen, nötig, in eckiger Klammer auch den Wortlaut einer Abkürzung im Original auszuschreiben. Mitteilungen des Herausgebers erscheinen im Textverlauf in eckiger Klammer.

[...] – die eckige Klammer mit drei Punkten markiert eine Auslassung;

[...?] – die eckige Klammer mit drei Punkten und einem Fragezeichen markiert eine nichtentzifferte Stelle.

[HMW]

Die Texte aus dem Werk Heiner Müllers werden nach dem Status der im Suhrkamp Verlag erschienenen zwölfbändigen Werkausgabe präsentiert, jeweils mit Bandangabe und Seitenzahl: Heiner Müller, Werke. Herausgeben von Frank Hörnigk. Frankfurt am Main 1998 ff.

[KoS]

Heiner Müller, Krieg ohne Schlacht. Leben in zwei Diktaturen. Eine Autobiographie. Köln 1992 (erweiterte Ausgabe 1994).

[Hauschild]

Jan-Christoph Hauschild, Heiner Müller oder das Prinzip Zweifel. Berlin 2001.

[Heiner Müller Handbuch]
Hans-Thies Lehmann und Patrick Primavesi (Hg.), Heiner Müller Handbuch. Leben – Werk – Wirkung. Stuttgart/Weimar 2003.

[GW]
Sigmund Freud, Gesammelte Werke in achtzehn Bänden mit einem Nachtragsband. Herausgegeben von Anna Freud, Marie Bonaparte, E. Bibring, E. Kris. Fünfte Auflage. Frankfurt am Main 1969.

Dank

Der Herausgeber dankt Frau Brigitte Maria Mayer für die Initiative zur Publikation der TRAUMTEXTE; Frau Maren Horn vom Heiner-Müller-Archiv der Berliner Akademie der Künste für ihre Hilfe bei der Verfertigung der Transkriptionen der Traumaufzeichnungen aus dem Nachlaß; Herrn Gerhard Bobzin für seine Erlaubnis, die von ihm verfaßten Traumprotokolle in diese Edition aufnehmen zu dürfen, sowie für seine Auskünfte zur Zeit in Waren 1947; Herrn B. K. Tragelehn für seine Anregungen; Herrn Hans-Ulrich Müller-Schwefe vom Suhrkamp Verlag für seine Geduld.
G. A.

Suhrkamp Verlag GmbH
Torstraße 44, 10119 Berlin
info@suhrkamp.de
www.suhrkamp.de